云 南 财 经 大 学 前 沿 研 究 丛 书

财政风险研究
基于二元经济一元化的转化

FISCAL RISK

BASED ON THE PERSPECTIVE OF UNITARY

TRANSFORMATION TO ACHIEVE THE DUAL ECONOMY

甘家武 / 著

社会科学文献出版社
SOCIAL SCIENCES ACADEMIC PRESS (CHINA)

摘　要

　　作为世界上最大的发展中国家，中国遵循了"效率优先、兼顾公平"的发展思路，并在财政税收体制上做了相应的制度安排。这种制度安排，将各种生产要素倾斜于效率较高的城市或者工业部门，并创造了中国式的经济增长奇迹。但这种制度安排也产生了相应的副作用，即二元经济结构。虽然根据库兹涅茨倒 U 形曲线关系，在经济发展过程中二元经济结构的强化属于正常现象，但库兹涅茨倒 U 形曲线同时也描述了收入分配不均现象会随着经济增长先升后降。目前中国二元经济结构特征较为显著，且整体上仍呈现上升的趋势。如果这种上升趋势得不到较好的遏制，将影响整个国家的公平，甚至会影响效率问题，结果"不仅严重制约着制度变革的传导，而且直接影响着制度调整的空间"。在一定意义上，二元经济结构的消极影响已经成为制约我国经济社会协调发展的一个"瓶颈性"因素。为缩小二元经济结构差距，必须改革当前阻碍二元经济中生产要素自由流动的传统体制。但改革之路从无坦途，须支付相应的成本或产生相应的风险——财政风险。

　　为此，本书首先梳理了二元经济一元化过程中财政风险的相关理论基础。其次，从"传统部门"和"现代部门"比较劳动生产率、居民收入差异、居民恩格尔系数的角度，实证分析了中国的二元经济结构现状，从二元财政体制的角度分析了二元经济结构产生的原因，并基于全要素生产率差异的角度，实证研究了城镇化、劳动力流动、土地集约化经营对二元经济结构转化的影响以及二元经济一元化的路径选择。再次，分析农村剩余劳动力流动的现状及特点，归类分析农村剩余劳动力流动过程中产生的各类风险以及这些风险对财政风险产生的影响。又次，分析中国城镇化的现状及一般规律，归类分析城镇化过程中产生的各类风险以及这些风险对财政风险产生的影响。最后，分析土地集约化经营的内涵以及土地集约化在中国的实践和现状，总结土地集约化经营的一般规律，归类土地集约化经营过程中产生的各类风险，分析各类风险对财政风险产生的影响。

基于上述分析，本书从政府和市场的关系、政府职能范围事权和财权的划分及财力匹配的保障机制、财政风险预警防范机制的角度，提出要正确处理政府与市场的关系。根据各级政府职能范围，科学划分事权；并以事权的划分为基础，合理划分财权。同时，建立与事权相匹配的财力保障机制以及科学完善的财政风险预警防范机制。

ABSTRACT

China, as the largest developing country in the world, has made a corresponding institutional arrangement based on the fiscal and taxation system to follow the development idea of "efficiency first, equity considered". Such institutional arrangement makes various production factors incline to cities or industrial sectors with higher efficiency, and creates a Chinese – style economic growth miracle. However, along with such institutional arrangement, a corresponding side effect, namely, dual economic structure is also produced. According to Kuznets' inverted U curve relationship, the reinforcement of dual economic structure in the economic development process is a normal phenomena, but Kuznets' inverted U curve also describes that the phenomenon of income inequality will first rise and then fall along with the economic growth. However, at present, the dual economic structure in China has significant features, and it presents an upward trend on the whole. If such upward trend can not be well contained, it will affect the equity of the whole country and even will affect the efficiency. As a result, "it will not only seriously restrict the transmission of institutional reform, but also will directly affect the space of institutional adjustment. " Therefore, to some extent, dual economic structure has become a "bottleneck" factor affecting the harmonious economic development of China. To narrow the gap of dual economic structure, the traditional institutions that hinder the free flow of production factors in dual economy must be reformed. But, the road to reform has never been flat, and corresponding cost should be paid or a corresponding risk – fiscal risk will be produced.

Therefore, this research firstly summarizes the relevant theoretical bases of fiscal risk in the dual economy unification. Secondly, from the perspective of comparing the labor productivity, resident income difference and resident Engel coefficient between the "traditional sectors" and "modern sectors", it empirically analyzes the present situation of China's dual economic structure, analyzes the cause for generation of dual economic structure from the perspective of dual fiscal system, and based on total factor productivity difference, it empirically studies the influence of labor mobility, urbanization and land intensive management on the transformation of dual economic structure and route selection of dual economy unification. Thirdly, it analyzes the present situation and characteristics of surplus rural labor mobility, classifies and analyzes and also empirically studies various risks generated in the process of surplus rural labor mobility and the influence of these risks on the fiscal risk. Fourthly, it analyzes the present situation and general rules of Chinese urbanization, classifies and analyzes and also empirically studies various risks generated in the process of urbanization and the influence of these risks on the fiscal risk. Fifthly, it analyzes the connotation of land intensive management and the practice and present situation of land intensification in China, summarizes the general rules of land intensive management, classifies various risks generated in the process of land intensive management, analyzes the influence of these risks on fiscal risk, and empirically studies the risks generated in the process of land intensive management and their influence on the fiscal risk.

Based on the above analyses, this research finally puts forward how to correctly deal with the relationship between government and market from the perspectives of relationship between government and market, division of administrative power and financial power based on government function range and matched financial guarantee mechanism, and fiscal risk early – warning and prevention mechanism. And it also scientifically divides the administrative power of governments at all levels according to the government function range, scientifically divides the financial power based on the administrative power division, and establishes a financial guarantee mechanism matching the administrative power and a scientific and perfect fiscal risk early – warning and prevention mechanism.

目　录

1 绪 论

1.1 研究背景

自 1978 年改革开放以来,经过近 40 年的发展,中国的经济取得了举世瞩目的成就,国民经济总量以年均 9% 以上的速度增长。但与此同时,二元经济也呈现不断加剧的趋势。以城乡居民收入差距为例,1978 年城镇居民收入为农村的 2.57 倍,到 2015 年扩大到 2.90 倍。虽然自 2010 年起城乡居民收入差距有一定的缩小,但是整体收入差距依然较大。1981 年改革开放初期以及 1996 年进一步深化市场经济体制改革的头几年,这种差距有所缩小,但整体上这种差距仍呈现扩大趋势。事实上,这种二元结构差异不仅表现在物质生活和人均收入方面,而且在社会福利、文化生活等方面均得到体现。

根据库兹涅茨倒 U 形曲线关系,在经济发展过程中二元经济结构的强化,属于正常现象。但是库兹涅茨倒 U 形曲线同时也描述了收入不均现象会随着经济增长先升后降。这种"后降"现象的出现,就需要国家的干预。缩小城乡二元经济差异,是建设社会主义社会、实现经济社会和谐发展的本质要求,是实现中国梦的价值导向。但是，事与愿违的是我国二元经济结构一元化的进程有待进一步加快的趋势。就某种意义而言，二元经济一元化进程的滞后，已经成为制约我国经济社会协调发展的一个"短板性"因素。因此，改变二元经济结构、实现国民经济一元化发展的战略意义，是理论界和实践界高度重视的一个命题。从目前的实际来看，我国基于生产要素配置的优化角度，主要是对劳动力、资本、土地三种生产要素的优化配置，并消除三种生产要素优化配置过程中遇到的制度性障碍，加快农村剩余劳动力转移、城镇化和土地集约化经营，实现二元经济一元化。

但从目前的研究来看，尚未有相关的系统研究表明：农村剩余劳动力转移、城镇化和土地集约化是否会对劳动力、资本和土地三种要素的配置起到优化作用？同时，这三种生产要素优化配置的过程中，需要做哪些制度性安排？在优化配置过程中，会产生什么风险？在当前政府债务危机较为严峻的背景下，这些风险会对公共财政风险产生消极影响还是积极影响？影响程度如何？这些问题，都不得而知，值得我们去研究。

1.2 研究意义

1.2.1 理论意义

二元经济一元化，自然而然就涉及一个资源配置的问题。资源配置过程中最重要的资源要素包括人力、资本、土地资源。从生产过程来看，资本作为一种生产要素，与土地、劳动力相类似，都属于生产要素。但相对而言，资本最具流动性和弹性，容易控制和积聚。在当今快速城镇化的过程中，广大农村地区容易受到资本逻辑的影响，导致农村空间的重构。从经济意义上分析，城镇化是土地从"自然物"转向土地资产的一个经济转化过程。在这种农村剩余劳动力转移、城镇化以及土地集约化经营的过程中，在没有制度障碍的条件下，各种生产要素边际生产率或边际生产报酬将会收敛，最终二元经济转化为一元现代经济。而在这种一元化的过程中，将产生各类公共风险，并在一定条件下通过财政职能转化为财政风险。财政风险的防范机制在理论上如何构建，仍值得研究。

1.2.2 现实意义

二元经济结构，是经济社会发展必经的历史阶段，是发展中国家在发展过程中普遍面临的经济和社会问题。中国二元经济结构的形成不仅包含经济因素，而且包含诸多政策因素。经济因素主要在于城市和农村的各种生产要素边际生产率差异导致的城乡差距扩大。政策因素主要在于二元的财政体制，割裂了城市与农村之间各种生产要素的紧密联系，致使生产要素不能按照市场规律双向自由流动，从而导致了城乡差距的扩大。当前二元经济结构的严重性已经引起各界的高度关注。从经济角度分析，缩小二元经济结构差距的最好选择是加快农村剩余劳动力转移、城镇化以及促进农村土地集约化经营。但在农村剩余劳动力转移、土地流转和资本流动的过程中，会产生各类风险，包括经济风险、生态风险、财政债务风险等。特别是在当今地方政府债务规模较为庞大的背景下，这些公共风险必然引起社会的关注，这些公共风险由于过度依赖于财政政策，终将转化为公共财政风险。因此，研究二元经济一元化过程中的公共财政风险尤为重要。

1.3 文献综述

自 20 世纪 80 年代末开始，财政风险问题作为管理学和经济学一个新的研究领域开始受到西方学者的广泛关注。较其他经济风险而言，财政风险更具隐蔽性（刘尚希，1997）和突然性（H. P. Brixi & A. Schick，2002），因此传统理论并没有给予其足够的重视。早期多是从传统的收入、支出、平衡、管理的思路来研究财政风险的（Trehan & Walsh，1988，1991；Haug，1991；Smith & Zin，1991），直到 20 世纪 90 年代末，Hana Polackova Brixi 和 Allen Schick 从政府"隐性债务"（Hidden debt）和"或有负债"（Contingent debt）这两个全新的视野审视财政风险，并以此提出了著名的"财政风险矩阵"（Fiscal risk matrix），从而首次实现了对政府债务全面的分析和评价（H. P. Brixi & A. Schick，1998）。由此，学术界对财政风险问题的研究才逐渐深入和系统起来。随着我国 1998 年积极财政政策的实施，财政风险问题也开始受到国内经济学界极大的重视，学者相继开始对财政风险问题进行广泛而深入的研究。

1.3.1 财政风险的内涵

自 20 世纪 90 年代开始，国内学者开始逐步关注并研究财政风险相关问题。最早系统研究财政风险的成果是财政部 1996 年 8 月的《国家财政困难与风险问题及振兴财政的对策研究》。该报告基于财政稳定的角度，从财政风险影响因素（包括社会因素与经济因素）、表现形式等方面界定了财政风险：在财政发展过程中，因某种经济社会因素影响，给财政运行可能造成的波动和混乱，集中体现为巨额的财政赤字和债务危机。由于财政风险的表现形式为财政赤字和债务危机，控制赤字和债务规模自然而然就成了防范财政风险的核心。为此，国内学者大多沿着这一思路界定财政风险，并进行相关研究。随着对财政风险研究的深入，很多学者开始从诸多角度探讨财政风险的内涵，虽然至今仍没有一个公认的界定（刘尚希，2003），但根据研究角度详细梳理相关文献，财政风险主要基于四种不同的角度理解。

一是净价值或政府资产负债。这种观点更多的是国外学者从该角度审视财政风险。例如，Hana Polackova Brixi 和 Ashoka Mody（2002）认为，资产、收入、或有负债三者之间的结构是影响财政风险的重要因素。当收支结构或资产负债结构严重失衡的时候，政府的净价值将受到严重影响，表现为财政赤字与债务风险。在政府净价值为负值的时候，由于政府拥有征税权，因此不会出现类似企业破产的现象。但是政府通过行使征税权增加纳税人的税负，改变净价值为负值的状况，为预算赤字和债务负担融资，同样也会付出巨大的成本，因为在政府通过税收政策调节市场经济的过程中，会产生消极影响。正如 Camara Neto 和 Vemengo（2004）、Damill et al.（2003）所言，政府通过税收政策调节市场经济可能会因此产生其他风险。此后，国内部分学者也从这个角度进行了有意义的研究。例如，张春霖（2000）基于政府债务可持续性的视角界定了财政风险的内涵，认为政府债务的可持续性实际上就是政府财政风险的一种重要反应。该观点本质上仍是从资产负债的角度论述财政风险。此后，武彦民（2003）、刘尚希教授（2004）也分别基于资产负债结构和净价值的视角，拓展了财政风险的内涵。

二是财政危机。该观点认为财政风险是各种原因导致财政收支发生结构失衡或总量失衡，进而可能对国民经济的整体运行造成损害，其本质是指各种原因导致财政发生债务危机的可能性。如杨小军（1999）、许涤龙等（2007）认为财政风险是指存在爆发财政危机的可能性或隐患。具体而言，是指赤字和债务不断膨胀，致使财政面临支付危机的可能性。丛明、何哲一（2001）认为，当一个国家的债务规模不断膨胀，并超过其经济社会的承受范围后将产生一系列风险，包括政治、经济的全面危机和动荡，从而演变为财政危机。张明喜、丛树海（2009）以及丛明、何哲一（2001）等学者则将财政危机的表现形式进行了拓展，认为支付危机包括政府财政入不敷出、国家债务剧增、全部或部分国家债券停止兑付、国际收支严重失衡等。

三是财政稳定。从该角度研究财政风险的代表人物为中国社会科学院学部委员余永定（2000）。他认为财政稳定包含如下层面：第一层面，如果政府能够保持财政收支长期的平衡状态，则财政处于稳定状态；第二层面，尽管财政在相当长一段时期内无法达到收支平衡的目标，但是政府能够通过发行国债为财政赤字融资，则财政依然处于一种稳定的状态；第三层面，如果经济中存在某种机制，即使财政脱离稳定状态，在这种机制的作用下，通过经济变量之间的相互作用，也使得财政状况依然能够恢复或者趋于恢复稳定状态，那么可以认为政府的财政状况处于稳定状态。

四是财政的"公共"特征。刘尚希（2003）从政府拥有的公共资源和政府应承担的公共支出责任和义务两方面评估，认为当政府拥有的公共资源不足以承担政府应履行的职能和支出责任时，经济、社会的稳定和发展可能受到损害。同时刘尚希教授（2004）认为，防范财政风险应从整个政府的角度来考察，从公共风险的防范着手，而不是仅从财政部门考察。因为财政风险是公共风险转化的结果，或者公共风险是财政风险的源头。丛树海教授（2005）在其著作《财政扩张风险与控制》中，基于财政风险的内涵，认为来自政治、经济、自然、社会等方面的消极影响因素会诱发国家在金融和财政（包括货币流通、银行信用等）等方面发生混乱和动荡的可能性。吴俊培教授等（2012）认为，财政风险并不能狭隘地理解为财政部门的风险。财政风险，还包括政治、经济、道德等在内的各类社会风险，实际上是社会风险的集中体现。

事实上，从公共风险角度去理解公共财政风险，是基于公共投票和公共选择的前提，即从"多数原则"角度去理解。因为社会公共的大多数都认为政府应承担私人风险最基本的支出责任，即政府应起到一个"兜底"的作用。但是，一旦这种政府偶然的救助演变为经常的救助，或者上升到法律的规定，那么这种"救助"或者"兜底"责任就成为法律意义上的公共责任和义务。该观点事实上是基于政府职能演变的角度进行论述的。例如，历史上，贫困、失业等问题曾是纯粹的个人事情，在现代社会，这些都成为世界各国政府的法定责任和义务，需要政府给予最基本的救助。这种政府责任和义务的变化表明，一旦社会公众认为一些私人风险不再是单纯的私人风险，而是影响整个社会成员的公共风险，并由此形成一种共识，则这些私人风险成为政府"兜底"的法定责任和义务。

根据以上分析，我们可以看出，国内早期有关财政风险的论述，仅从财政收支的角度去理解财政风险。虽然它具有一定的合理性，但也存在明显的不足。该观点将财政看作企业财务状况来分析，把财政运行中的财政收支平衡看成财政风险，忽略了财政职能，即忽视了财政作为政府干预经济、稳定社会的重要工具，具有履行消除其他非财政收支风险的法定责任和义务。换言之，财政风险并不仅仅局限于政府的财政内部活动与财政部门，它的产生和化解还具有典型的"公共"性质，在全社会范围内广泛存在。经过了十年左右的研究历程，财政风险的认识处于不断完善的过程，财政学的内涵也有了深刻的发展，从财务状况拓展到财政职能的范围来考察财政风险。事实上，正如 Selowsky（1998）的研究结果，减少财政赤字或降低债务规模并不意味着财政状况的改善。因为除了财政赤字的减少以外，改善财政状况还应保证财政的可持续性。二者缺一不可，否则财政风险仍可能会加大。

1.3.2 财政风险产生的原因

（1）基于经济发展的视角。该观点认为产生财政风险的重要原因是恢复和发展经济的各种经济建设项目。例如，Hildreth and Miller（2002）通过实证得出，地方政府举借债务对未来经济发展具有较大的积极作用，但同时财政风险产生消极影响。从而得出地方政府债务与经济发展息息相关的结论。马海涛、吕强（2004）认为，我国市场经济体制改革，主要特征在于放权让利，目的在于刺激地方政府的积极性，提高经济效益，促使各级地方政府拥有类似于企业自我发展目标的经济主体。从而诱发地方政府通过各种经济建设项目，不断扩张财政支出规模，使地方政府债务负担不断加重。另外，曹信邦等（2005）以经济发达地区为例，认为地方政府的借款和贷款主要用于经济建设，导致债务负担不断加重，从而得出债务规模与经济发展水平高度相关的结论。

（2）基于财政体制的视角。该观点认为预算制度及政府间财政分权导致财政支出扩张、财力减少，是财政风险产生的直接原因。例如，Temple（1994）认为，在公共基础设施投资中，地方政府盲目举债并产生地方财政风险的直接原因是税收占融资的比例过低。Krol（1997）从预算的角度分析，认为预算软约束导致支出膨胀是地方债务风险形成的根源。Ter - Minassian 和 Craig（1997）则从政府间财政关系的角度进行了分析，将财政风险归因于政府间不合理的财政关系。这种不合理的财政关系包括政府间缺乏透明的转移支付标准和纵向以及横向的财政非均衡缺口等。郭琳、樊丽明（2001）指出，由于政府间事权与财政支出责任划分不明确所形成的偿债意识缺乏和财政收不抵支，也就是刘尚希教授所言的"风险大锅饭"。贾康等（2010）从财力与事权相匹配的角度研究，认为我国分税制财政体制改革以来，财力与事权相匹配的问题没有得到妥善解决，实施任何一项宏观经济政策，都会给地方政府增加支出压力，从而导致地方政府被迫举借债务。

（3）基于管理制度的视角。该观点认为地方政府管理制度的不完善是财政风险产生的原因。包括债务审批、发行、使用、监管和偿还等缺乏严格的管理制度。例如，Hackbart 和 Leigland（1990）

就从债务发行和偿还等方面进行了论证，认为地方政府缺乏严格的相应管理制度。国内学者郭琳、樊丽明（2001）也基于不完善的债务管理制度的视角，指出债务管理体制的条块分割、各自为政以及缺少相应偿还机制、决策失误的责任机制和直接融资渠道等导致我国地方政府财政风险的发生。而 Levine（2011）则从信息不对称的角度，提出可以通过将债务新型号传达到信用评级投资主体和纳税人，减少信息不对称，促进政府及时履行债务责任，从而达到降低债务违约概率。事实上，该观点也是基于科学的债务管理制度。

（4）基于政府行为视角。该观点认为地方政府作为"经济人"追求自身利益最大化导致财政风险。例如，Bienvenido Oplas（2008）指出，地方政府在财政上不负责任，这种不负责任形成一种规则，导致地方政府债务的累积。Akai and Sato（2009）指出，如果中央政府成本分担或者财政救济一旦与地方政府举借债务事前激励相联系，就会导致地方政府过度举债。刘尚希、赵全厚（2002）认为，政府既是一个特定的公共主体，又是一个普通的经济体，具有过度举债的理性和非理性划分。安春明（2009）基于刘尚希、赵全厚（2002）理论，指出如果地方政府只作为一个普通的类似于企业的经济主体去追求自身利益最大化，忽略其特定的公共主体，就会将公共利益肆意凌驾于个人利益之上，导致地方政府不顾国家利益而相互攀比举债。还有部分学者基于中央政府和地方政府信息不对称的视角审视财政风险。例如，崔治文等（2012）认为，地方政府因官员的政治升迁和"GDP 锦标赛"等因素，可能会导致地方脱离实际，出现机会主义的非理性举债。另外，中央和地方政府存在目标的不一致，也会导致地方政府盲目举借债务。

财政风险产生的原因，除收入和支出方面之外，还包括诸多制度性因素。由于数据较少，难以定量描述，所以国内理论界大多基于定性的角度论述财政风险产生的原因，定量分析相对较少。例如，胡锋、贺晋兵（2010）对影响财政风险的财政政策、政治和财税体制、财政预算制度、收入分配不均和老龄化、或有负债五个定性方面的指标进行了量化，采用 1980～2008 年的数据，运用主成分分析法对模型进行了实证检验，发现我国的经济增长速度、货币供应量与财政赤字率正相关。地方政府的"GDP 锦标赛"虽然在一定程度上有利于控制赤字率的过快上升，但也会导致地方政府以债务积累为代价实行经济增长。究其原因，财税体制不合理是财政风险形成的重要原因。但该研究的缺陷在于，仅以财政部门债务风险（三种口径的赤字率，包括财政赤字率、政府收入赤字率、隐形赤字率）衡量财政风险。

1.3.3 财政风险的分类

提到财政风险的分类，我们首先会想到世界银行高级顾问、财政风险研究的代表人物 Hana Polackova Brixi。Brixi 于 1998 年提出了著名的财政风险矩阵理论。该理论从政府责任及债务确定性与否将财政风险进行了分类：一是根据政府的法律责任和道义责任，将政府债务分为"显性负债"和"隐性负债"；二是根据债务确定性与否，将政府债务分为"直接债务"和"间接债务"。因而政府债务包括"显性直接债务""显性间接债务""隐性直接债务""隐性间接债务"。而传统的财政风险理论仅根据财政管理过程，以财政收入、支出、平衡为主线，并据此认为财政风险包括财政收入风险、支出风险、赤字风险或债务风险。仔细分析这些风险之间的关系，我们就会发现这种划分存在诸多问题：一是存在部分重叠问题，如财政收入风险、支出风险本身就蕴含在财政赤字风险中；二是忽略了财政可能会承担的负债风险，该类风险须通过未来不确定事项的发生或不发生予以证实，如公共实体、私营实体非担保债务的违约、银行破产①等。同时忽略了财政隐性债务，该类风险反映公众和利益集团压力的政府道义责任，如公共投资项目的未来日常维护成本等。尽管财政风险矩阵分析了政府债务的不确定性问题，同时充分考虑了或有债务、隐性债务，使政府债务的内涵与实际更符合，但并不能对财政风险进行量化评价，或者对财政风险的大小进行量化。只有客观分析偿还债务的公共资源以及债务规模，债务的分析才有意义（刘尚希，2004）。

首先，在 Brixi 的"财政风险矩阵"理论基础上展开了详细的研究，并拓展了研究范畴。如刘尚希、赵全厚（2002）对直接负债进行了细化，认为显性或有负债包括其他公共部门的债务、国债、投资项目的配套资金等；显性直接负债包括乡镇财政债务、国债、欠发工资而形成的债务、粮食收购和流通中的亏损挂账等；隐性或有负债包括国有企业未弥补亏损、国有银行不良资产、政府对供销社系统及农村合作基金会的资助；隐性直接负债包括养老保险基金债务、失业救济负担。唐龙生（2001）根据国民经济运行过程中的各种风险对财政造成影响的可能性和财政应

---

① 指超出政府保险以外的政府救助。

承担的程度为标准划分为三个层次①，该划分方式与财政风险矩阵划分十分相似。

其次，根据政府级次和预算体制层次，财政风险可分为中央财政风险和地方财政风险。其中，地方财政风险又可以分为四级财政风险，包括省级、市级、县级、乡镇级财政风险。各级政府在事权和财权的划分上各有不同，各级政府的财力存在强弱之分以及面临的各种不确定性因素也不同，导致各级政府以及相应的财政风险的成因和表现方式等都不同。

最后，根据风险引发因素的环境，财政风险分为内部性和外部性财政风险。其中，内部性财政风险是受到财政系统内部的各种不利因素引发的财政资源的浪费或者效率下降的风险。外部性财政风险则是受到财政系统外部各种不利因素引发的财政资源浪费或效率下降的风险，这些外部性因素包括经济、政治、自然、技术、战争等。马骏、刘亚平（2005）根据"逆向软预算约束"理论解释中国地方政府为什么会主动累积各种负债，而在累积财政风险的过程中，将财政风险分为主动债务风险和被动债务风险，或者自我累积型财政风险和被动吸收型财政风险。同时，在主观性和客观性的划分上，丛树海（2005）认为，主观性财政风险是指由各种主观因素引起的财政风险。这些主观因素包括体制风险、政治风险、管理风险、决策风险和技术风险等。相对于主观性财政风险而言，客观性财政风险则是指由各种客观因素引发的财政风险。这些客观因素主

① 唐龙生（2001）认为，第一层次主要包括由中央政府在国内外发行债券和借款所形成的债务和各种"准国债"，第二层次主要包括地方政府债务风险和社会保障基金缺口，第三层次主要包括银行经营风险和国企财务风险。

要包括经济运行风险、社会运行风险、政治风险、自然风险、战争风险等。

根据不同的标准划分财政风险，不仅是理论上的需要，而且是现实的必要选择。因为不同的风险，需要根据风险的成因，采取不同的评估方式，进而对财政风险进行预警和防范。

1.3.4 财政风险与其他风险的关系

根据对财政风险内涵的分析，我们发现最初在研究财政风险的过程中，由于其定义仅限于政府财政部门的债务风险，并且财政风险与政府债务紧密相连，因此在研究的过程中，大多研究债务风险。例如，部分学者认为财政风险是未来出现政府支付危机的一种前奏反应（刘尚希，2003），是国家财政出现资不抵债或者无力支付的风险（张春霖，2000），集中表现为政府的债务风险（梅鸿、马骏，2003）。随着时间的流逝，财政风险研究不断深入，研究内容也不断全面，部分学者不再独立审视财政风险，开始逐步探讨财政风险与其他风险之间的联系，为解决财政风险的防范提出更为科学合理的防范措施。

1.3.4.1 财政赤字与国际贸易收支赤字

20 世纪 80 年代以来，以美国为代表的一些市场经济较为发达的国家出现了贸易收支赤字和财政赤字并存的现象，引起了学术界极大的关注，并形成了两个具有代表性的理论："双赤字"理论假说和李嘉图等价假说。

（1）"双赤字"理论假说

该观点认为，财政赤字与贸易赤字之间具有正相关性，并存在因果关系。Darrat（1988）、Abell（1990）、Vamvoukas（1999）以及 Leachman 和 Francis（2002）等诸多学者探讨了财政赤字与国际贸易赤字之间是否存在"双赤字"现象，二者之间是否存在因果关系。

传统"双赤字"理论，主要是根据财政赤字与国民储蓄之间的关系，分析财政赤字与贸易赤字之间的关系。

$$X - M = (S - I) + (T - G) = (S - I) - FED \qquad (1-1)$$

$$X - M = NX \qquad (1-2)$$

$$T - G = -FED \qquad (1-3)$$

$$NX = (S - I) - FED \qquad (1-4)$$

其中，M 为进口，X 为出口，NX 为净出口，I 为私人投资，S 为私人储蓄，G 为政府支出，T 为税收收入，FED 为财政收支。

从公式（1-4）中不难发现：①如果 $S-I$ 保持不变，即私人净储蓄保持不变的情况下，FED 与 NX 之间存在等量的反向关系；②如果 S 大于 I 的增长速度，由于贸易赤字还取决于私人储蓄扣除投资（$S-I$）的缺口，因此财政赤字并不一定会产生贸易赤字；③如果 S 小于 I 的增长速度，财政赤字必定会产生贸易赤字，"双赤字假设"成立。通过结论②和结论③，我们发现，财政收支对贸易收支的影响，主要是取决于财政收支对私人储蓄和投资的影响。

另外，财政赤字还可以通过其他方式影响贸易收支。根据"蒙代尔－弗莱明"模型，在浮动汇率制度下，财政赤字增加会引起利率的提高，进而促进实际汇率的升值和资本的内流。而实际汇率的升值会促使进口增加和出口减少，导致贸易收支的恶化。国内外不少学者，例如，Clarida and Gali（1994）、Clarida and Prendergast

（1999）、王胜和田涛（2013）[①] 通过实证分析了财政赤字对汇率的影响，以及汇率波动对国际贸易收支的影响（Rose，1991；Wilson，2001；厉以宁，1991）。但是将汇率纳入财政赤字对国际贸易收支影响的框架中去实证分析的文献较少。例如，Abell（1990）以美国 1977～1985 年的月度数据为例进行了实证分析，表明财政赤字通过汇率和利率可间接影响贸易赤字，财政赤字对贸易赤字具有正面的冲击效应。国内学者许雄奇、张宗益和康季军（2006）运用时间序列方法，在贸易差额、财政赤字、利率、汇率及 GDP 五个变量系统内检验了中国财政赤字与贸易差额的关系，结果显示这五个变量之间存在长期均衡的协整关系，财政赤字、GDP 对贸易差额具有 Granger 影响，财政赤字的增加导致贸易顺差增加。刘伟、胡兵和李传昭（2007）对财政赤字、贸易收支、实际汇率及 GDP 四个变量之间的关系进行了实证研究，发现四个宏观经济变量间虽然存在复杂的影响机制和联系，但财政政策依然是国家调节贸易收支和汇率的有效手段。

（2）李嘉图等价假说

李嘉图等价假说认为，在某些条件下，政府无论用债券还是税收筹资，其效果都是等价或者相同的。因为政府债券的持有者可以一方面从政府手中获得债券利息，另一方面又将这些债券的本金和利息用以支付为偿还债券本息而征收的更高税收。Barro（1974）

---

① 王胜、田涛（2013）构建了包含汇率和财政赤字以及资产价格的 IS - Philips 曲线，在此基础上引入央行损失函数推导了最优利率反应函数，并利用中国的数据实证分析了汇率与财政赤字以及资产价格的变化对最优货币政策的影响，结果表明政府财政赤字水平对于均衡利率的影响很小。

对李嘉图等价假说进行了数学推理，政府无论用债券还是税收筹资，其效果都是等价或者相同的。得出这一结论，事实上默认了在财政支出不变的情况下，减税对国民储蓄、经常项目和利率没有影响。换言之，财政赤字和经常项目不存在因果关系。因此，Barro认为财政赤字和贸易收支没有因果关系。此后 Oudiz 和 Sachs（1984）、Barro（1989）、Miller 和 Russek（1989）、Evans 和 Hasan（1994）、Kaufmann 和 Winckler（2002）等分别基于政府和个人的角度进行实证研究，利用政府跨时预算约束和永久性收入理论或生命周期假说，发现国际贸易收支和财政赤字之间没有格兰杰因果关系，从而使李嘉图等价假说的合理性得到了证实。

1.3.4.2　财政赤字与通货膨胀

各国学者对财政赤字是否导致通货膨胀主要有以下两个观点。

一是财政赤字容易引发通货膨胀。例如，Barro（1976）认为，财政赤字的增长速度如果超过了产出的增长速度，那么持续的财政赤字将以货币化方式引发通货膨胀。

Sargent 和 Wallace（1981）实证研究了利率和财政赤字之间的关系，结果表明由于利息支付的存在，以国债发行方式弥补财政赤字，将比以货币发行方式引发更多的货币发行并引发更为严重的通货膨胀。Hanahan 和 Klingebiel（2000）也证明了该研究结论：金融危机最后都给政府带来了极高的财政成本。Uribe（2002）采用VAR 模型，对阿根廷 20 年财政赤字与零售物价指数的格兰杰因果关系进行了检验，发现不可持续的财政政策导致财政赤字的持续扩大，是货币过度发行并引发通货膨胀的一个主要原因。中国财政科学研究院阎坤教授（2002）认为，以弥补财政赤字为目的的国债超过一定发行规模，会对政府信用产生消极影响。但是政府在通过发行国债无法实现预期目标的时候，只有依靠增发货币（铸币税）才能筹集财政资金，导致恶性通货膨胀发生。

二是财政赤字不是通货膨胀的主要原因。美国货币学派代表人物弗里德曼（1982）认为，在货币供应增速极低的情况下，通过向中央银行透支的方式弥补规模较小的财政赤字，并不足以引发通货膨胀，并得出财政赤字与通货膨胀之间仅存在最松散的关系。Darby（1984）认为，在既定的预算赤字与某一范围内的货币增长率动态地保持协调的条件下，即使财政赤字有货币化倾向，也不足以引起通货膨胀。Ginnaros 和 Kolluri（1985）实证分析了 10 个工业化国家 1950~1981 年的数据，结果表明只有 3 个国家财政赤字货币化较为明显，其他 7 个国家的财政赤字与通货膨胀间不存在因果关系。国内学者李昌达和曹萍（1996）实证分析了中国 1981~1994 年的数据，表明经济增长、财政赤字、货币供应量与通货膨胀存在显著的滞后相关性，并且这种滞后期基本是一年。同时研究结果还表明引发通货膨胀的首要因素是经济增长，其次是货币供应量，而财政赤字与通货膨胀之间的相关性很低。洪源和罗宏斌（2007）结合 1982~1993 年宏观经济运行中财政赤字与通货膨胀的客观运行轨迹进行了实证分析，研究显示通过各种不同的融资方式，当财政赤字处于适度的范围之内，即使财政赤字具有某种程度上的货币扩张效应，通过财政赤字引发的货币供应量增加也不足以导致通货膨胀的发生，因此财政赤字不是通货膨胀产生的主要原因。

事实上，以上分析都是基于商品市场和货币市场的一般均衡模型（$IS-LM$ 模型），因为财政政策与货币政策为财政风险与金融风险的关系提供了一个相对有效的分析框架：需要国家综合运用财政政策和货币政策宏观调控。当均衡收入低于充分就业收入时，仅靠市场的自发调节，不发挥政府的调节作用，是无法实现充分就业的均衡状态。由于 *IS – LM* 模型的原理是基于一套联立方程进行研究，但是它忽略了凯恩斯理论中投资、收入和储蓄的因果次序关系，模糊了凯恩斯理论的本质内容：投资决定收入，收入决定储蓄。因此，英国新剑桥学派则坚决反对 *IS – LM* 模型。事实上，在凯恩斯的有效需求理论中，利率并不十分重要。因为在收入创造过程中利率是由外生因素所决定的。但基于 *IS – LM* 模型分析，实际上暗含着将利率作为投资的主要决定因素。

通过分析财政风险与国际贸易收支、通货膨胀及金融风险的关系，我们发现：①采用各种不同的实证研究方法，以不同国家的宏观经济环境以及财政、金融体制等体制作为研究背景，可能得出完全不同的结论；②根据财政风险内涵的分析，较少有文献站在"公共"性质的角度，全面审视财政风险与各类风险的逻辑关系。

1.3.5 财政风险评估、预警和防范研究

1.3.5.1 评估方法的分类

一是以财政赤字等直接负债衡量财政风险。由于最早关于财政风险的定义主要是研究收支平衡问题，即债务问题，所以关于财政风险的评估和预警的研究中最早也相对比较成熟的方法是对各种衡量财政风险的指标（如国债依存度、赤字率、债务率）进行综合分析，然后采用如《马斯特里赫特条约》（以下简称《马约》）对国债风险设置的警戒线的方法，对评估财政风险后得出的指标设置警

戒线，从而实现对财政风险的分析和控制。随后很多学者对《马约》有关财政赤字率和债务负担率的标准进行了深入研究。例如，贾康、赵全厚（2000）认为，警戒线的各类指标只是一般经验性指标，不一定与其他各国的实际相吻合，决定了警戒线指标难以适用于各国债务适度规模的判断。张雷宝（2007）认为，《马约》只是欧洲共同体成员加入欧洲经济货币联盟的判断准则。虽然《马约》设置的风险警戒线是对财政风险的某种度量，但该风险警戒线并不直接具备所谓国际警戒线的属性。因此，这一"国际警戒线"的实用性值得质疑。为此，理论上开始重新研判财政风险"警戒线"问题（倪红日，1999；刘迎秋，2001），并有部分学者对我国的警戒线进行了相关的定量研究（刘迎秋，2001；王宁，2005），但目前的研究对确定适用于我国实际的财政风险警戒线水平还有待进一步深入。

二是通过资产和负债存量及二者的差额（净资产）评估财政风险。帕伯罗·E. 圭多提和曼摩汉·S. 库莫（1993）认为，如果政府的净值为正，说明政府资产足以抵偿现有债务；如果政府净值为负，就说明政府已经资不抵债。投资者如果意识到这一点，政府就很难借到新债，将出现财政风险。随后，张春霖（2000）运用Stanley Fisher and William Easterly（1990）的政府预算约束经济学，认为一国政府债务的可持续，取决于该国政府现有的债务水平，如果按照某种模式继续举借债务，将致使政府无力支付或者资不抵债。丛树海、郑春荣（2002）做进一步探讨，提出结合二者的优点评价财政风险。随后洪源、李礼（2006）利用圭多提和库莫提出的资产负债框架，静态评价了我国地方政府债务的可持续性，对实现我国政府债务可持续性应满足的条件进行了分析。

三是通过公共债务与经济规模、公共资源流量和存量三个方面分别对财政风险进行了对比评价。由于财政风险是在全社会范围内广泛存在，它的产生和化解具有典型的"公共"性质，在分析的过程中利用公共资源解决财政风险，体现了"公共"的性质。例如，刘尚希（2003）认为，在评估财政风险的过程中，需要充分考虑政府应承担公共支出的责任和义务及其能利用的公共资源。按照这个思路，刘尚希、赵全厚（2002）采用 Brixi（1998）的风险矩阵，对我国的债务进行了分类，并对各类债务的规模进行了估算，认为我国财政风险目前仍处于可控范围内，但呈现不断加剧的趋势。随后，单大栋等（2005）按照刘尚希、赵全厚（2002）的研究思路进行了研究，认为当前我国财政风险在三个方面较为突出：一是在公共资源存量方面，国有资源的使用不尽合理并且经营效益低；二是在公共资源流量方面，虽然近年来财政收入增长速度较快，但政府仍面临许多市场经济体制深化改革中的不确定性因素；三是在政府承担的显性支出和隐性支出方面，包括国有企业改革将增加政府的支出压力、国有金融机构的不健康运行增加财政隐性支出责任、社会保障支出压力大、政府担保的潜在支出压力大等。

1.3.5.2 评估指标的分类

目前国外已有少数国家和地区，从各个方面选取具有代表性的指标，建立了一套财政预警指标系统。例如，新西兰通过的"财政责任法"，充分考虑或有负债，并对其进行核算和报告的监控体系。美国俄亥俄州通过的"地方财政紧急状态法"，依据现金流量和显性直接负债的信息来建立的监控体系。我国有关的财政风险始于20

世纪 90 年代中后期，起步较晚，虽未建立起财政预警系统，但理论界做了有益的尝试。

第一，直观分析法。直观分析法主要是简单地采用能够直接反映债务风险的指标，包括赤字率、债务率、国债依存度等，对财政风险进行评价。例如，马栓友（2001）利用财政风险矩阵，测算了我国公共部门债务，指出政府总债务占 GDP 的比重已相当高，特别是国内债务负担率非常高，财政潜在的风险已经很大。也有部分学者在借鉴 Brixi（1998）风险矩阵的基础上，提出了适用于我国的财政风险分析框架和化解财政风险的对冲矩阵。例如，曾纪发（2002）建立了包含经济总量、财政总量、显性财政风险和隐性财政风险四大类指标的财政预警监督体系。陈共（2003）借鉴 Brixi（1998）的风险矩阵，分别对风险矩阵中描述的四大类债务占 GDP 的比重做了初步分析，最终计算出政府综合负债水平。

第二，先行指标法。该方法主要是在直观分析的基础上，综合考虑宏观经济相关先行指标对财政风险进行评估和预警。例如，顾海兵和徐刚（1993）研究财政预警系统框架，根据预警的逻辑关系[1]，构建了一套警兆指标体系。武彦民（2004）分别选取了 8 个间接关联指标和 8 个直接关联指标，构建了财政运行状态评价指标框架，并据此评估了我国目前的财政风险状况。

张志超（2004）构建了财政风险评估指标体系，并评估了我国的财政风险状况。指标体系来源于财政系统内部变量和外部环境变

---

[1] 顾海兵和徐刚认为预警的逻辑关系或者先后顺序为：确定警情、寻找警源、分析警兆、预报警度。

量两个方面。其中，财政系统内部变量包括财政收入占 GDP 的比重、国债依存度、国债负担率、财政赤字率、国债偿债率和或有债务规模。财政系统外部环境变量包括经济增长速度、物价波动幅度、失业率、产业结构、企业亏损面、国民受教育水平和经常项目赤字占 GDP 的比重。祝志勇、吴垠（2005）进一步发展了财政风险的研究方法，将制度因子纳入财政风险分析框架，构建了市场化指数、财政分权指数、国有化率和交易费用率四个制度在内的财政风险影响因素模型。先行指标法相对于直观分析法，有了较大突破，主要表现在：不再仅仅局限于政府债务，而是综合考虑其他影响政府债务的相关因素，使研究更加全面、结果更加客观。

1.3.5.3 财政风险评估和预警的技术手段分类

随着交叉学科的流行，学者们开始将其他学科类的各种测量工具运用到财政风险的评估和预警上来。

一是指数合成法。指数合成法是依据历史经验对每个指标设置预警区间，然后对每个指标进行简单的算术求和，得到预警指数。例如，丛树海和李生祥（2004）从财政内部、外部和抵御风险能力三个方面分别选取了 40 个、30 个、8 个指标，从而构成了一套预警指标体系。同时分别选取了 12 个指标和 8 个指标编制成衡量和预警财政风险的外部合成指数及内部合成指数，形成财政风险预警指数。

二是主成分分析法。在层次分析法方面，专家的经验判断或多或少都有一定的主观性，而主成分分析法有效避免了这一缺陷。例如，胡晓敏（2006）建立了若干警兆指标和综合危机指数，对样本进行聚类分析。在此基础上，利用因子分析法，对警兆指标进行因子提取，最后分别利用判别函数和 Logistic 建立预警模型。

三是财政风险层次组合模型。该方法利用层次组合模型，根据财政风险或影响因素按层次划分并赋予不同的权重，评估了我国的财政风险状况。例如，马恩涛（2007）遵循丛树海和李生祥（2004）的研究思路做了预警，但指标筛选的方法和指标合成中权重的确定比较主观。刘谊等（2004）在建立财政风险预警过程中，在指标的权重和得分上，利用专家的经验判断给予评价，然后利用层次分析法进行评估。

四是采用 BP 神经网络和因子分析法，构建了基于神经网络的财政风险预警系统。例如，张明喜和丛树海（2009）选择 46 个直接或间接反映财政风险的指标，构建了基于神经网络的财政风险预警系统。

1.3.6　文献述评

上述研究表明，财政风险自从成为研究的热点之后，其内涵、产生的原因、分类、与其他风险之间的关系、财政风险评估、预警和防范等理论不断完善，不再仅仅局限于财政部门风险，而是基于"公共"的性质分析财政风险，并从政府拥有的公共资源、财政职能、政府间财政关系、预算制度、管理制度、政府行为、权责分离等角度全面研究财政风险产生的原因及防范。但仍值得我们注意的是，现有研究在三个方面还需进一步加强。

一是国家某种政治、经济、社会体制重大改革对财政风险的影响。有关该方面的研究主要包括以下两种类型。第一，转型期过程中的财政风险研究，这类研究相对较多。例如，吴俊培等（2012）从市场经济体制改革的视角，研究"双向改革"① 对财政风险产生的影响，并认为探索和构建符合中国国情的市场经济体制是化解财政风险的根本出路。第二，经济波动时的财政风险研究。例如，李心源（2010）从积极财政政策的视角，研究结构性减税和赤字财政政策对财政风险产生的影响。刘尚希（2012）则从城镇化的视角，指出城镇化对我国财政体制带来的"五大挑战"，并提出财政风险的防范建议。事实上，国家某种政治、经济、社会体制的重大改革，远远不止这些内容。例如，当前较为热门的二元经济体制改革等。刘尚希教授（2012）也有相关研究，在二元经济一元化过程中，资源的重新配置不仅包含资本，而且包含人力、土地等生产要素的重新配置。

二是关于财政风险的"公共"性质问题。目前，理论界基本认可财政风险的"公共"性质，即财政风险不仅包含政府部门债务风险，而且应包括政治、经济、道德等在内的各类社会风险，财政风险实际上是社会风险的集中体现。但是鲜有文献研究政治、经济、道德等在内的各类社会风险如何"体现"在财政风险上，即各类社会风险如何转嫁为财政风险以及它们之间的逻辑关系。

三是财政风险与宏观经济有关，财政风险的容量究竟有多大，这涉及风险对"潜在生产能力"的挖掘。然而，"潜在生产能力"并不是一个常量，科学技术的进步、制度安排的改进都会改变"潜

---

① 双向改革是指，一方面政府对企业"放权让利"，以利于形成市场机制，另一方面这是政府重塑调控经济的手段，以适应市场机制的要求。

在生产能力"。这表明，要在数量指标上对财政风险预警是有困难的。另外，由于宏观经济随时在波动，因此财政风险的评估、预警和防范就注定是一个动态的过程，而不是静态的、一成不变的，这也注定了财政风险的评估、预警机防范的难度。

1.4　研究思路和方法

本书研究思路见图 1-1。首先，通过柯布-道格拉斯生产函数模型实证分析城市和农村之间在土地、资本以及劳动力的边际生产率差异，为寻找既定成本条件下产量最大的要素组合寻找实践基础，从而分析潜在的效率改善机会。其次，分别在农村剩余劳动力

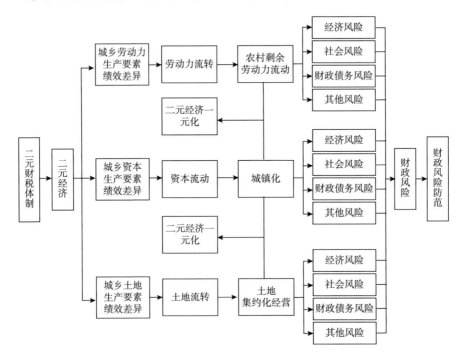

图 1-1　研究思路

转移、城镇化、土地集约化经营的视角下定性分析可能会产生的各类公共风险，并实证分析在财政职能的传导作用下，这些风险转化为财政风险的逻辑关系及对公共财政风险产生的影响。再次，将农村剩余劳动力转移、城镇化、土地集约化经营纳入一个分析框架下进行审视各类公共风险转化为财政债务风险的逻辑关系，防止人为地割裂了各类公共风险之间的联系，导致研究结果产生一定偏差。最后，根据上述研究，定性分析财政风险的防范机制。

1.5　主要创新

首先，从生产要素劳动力、资本、土地三个角度，采用柯布－道格拉斯生产函数分析城市与农村之间劳动力、资本、土地的边际生产率差异，分析二元经济一元化的路径选择，即农村剩余劳动力流动、城镇化和土地集约化经营。同时，寻找阻碍农村剩余劳动力转移、城镇化和土地集约化经营过程中劳动力、资本、土地生产要素自由流动的制度障碍。

其次，从劳动力转移、土地集约化经营和基本公共服务均等化三个角度，分别研究劳动力、土地、资本在流动过程中产生的各类公共风险，以及这些公共风险对政府债务风险产生的影响。

最后，针对这些公共风险及相应的财政风险，提出防范建议。同时，基于中国政治经济环境中广泛存在诸如法律规定上的"土地产权模糊""环境资源产权模糊"以及中央与地方之间、政府与国企之间的"预算软约束""委托代理"信息机制失灵等问题，提出防范措施。

2　二元经济结构现状及原因分析

　　二元经济结构是发展经济学中一个非常重要的概念，最早由荷兰社会学家 Boeke 在其 1953 年出版的《二元社会的经济学和经济政策》一书的二元结构理论中提出。他认为农村依然是没有实现西方工业化的传统社会，主要依赖于土地，使用劳动力生产。然而城市却是殖民主义输入以后逐步进行西方工业化的现代社会，主要依赖于资本、使用机器和技术生产。现代工业部门同传统农业部门在经济和社会文化等各个方面，都存在巨大差别。这些差别直接或间接地导致城市和农村、工业和农业中的资源配置迥然不同。

　　随后美国经济学家刘易斯延伸了这一理论，他认为二元经济结构是指发展中国家现代化的工业和技术落后的传统农业同时并存的经济结构（传统经济与现代经济并存）。即在农业发展还比较落后的情况下，超前进行了工业化，优先建立了现代工业部门。二元经济的形成必然与工业化相联系，往往伴随着工业化、城市化快速推进而产生，是从传统农业到现代工业社会过程中的必然现象。在工业化进程中，基本上各国都不同程度地存在经济二元经济结构。这是因为，在发展中国家，一方面工业化前是传统经济的汪洋大海，另一方面工业化又是通过从国外引进、移植现代工业起步的，难以通过其扩散效应形成遍及社会整体的生产方式，从而使国民经济呈现二元状态。

二元经济结构是发展中国家经济发展的一个普遍特征。根据刘易斯等人的解释，二元经济结构是指一个国家的经济社会存在两个完全不同的部门：一个是农村中以农业和手工业为主的传统部门，被称为非商业化部门或者非资本主义部门；另一个是城市中以制造业为主的现代部门，被称为商业化部门或者资本主义部门。而产生二元经济结构的原因在于，一个国家的经济社会在运行机制或者社会资源配置的基础手段上，存在两种不同的制度。正如 Bardhan 和 Udry（1999）所言，发展中国家通常存在经济差异巨大的二元部门，一个是以农业为代表的落后的传统部门，另一个是以工业为代表的先进的现代部门。

2.1 二元经济结构现状

2.1.1 二元经济结构的产生

根据发达国家和发达地区的发展经验，工业化发展应是按照先轻工业，后基础工业，然后是重工业的顺序有序地发展。但是出于如下考虑，中国选择了不同于发达国家发展阶段论的"赶超型经济发展战略"（林毅夫等，1999；蔡昉、杨涛，2000；陆铭、陈钊，2004）。①当时世界发达国家的经济结构表明，重工业比重高标志着国家较高的经济发展水平和较强的经济实力。②当时的国际经济、政治、军事格局，迫使中国需要迅速建立起比较完备的工业结构，重工业则是关键。③在一个农村人口占绝对比重且极度贫困的经济体中，轻工业优先发展，会遇到市场需求不足、无从取得工业化所必需的资本积累问题，但是重工业自我服务循环的产业特征可以摆脱这一条件约束。这种赶超型经济发展战略，体现了当时我国急于缩小与发达工业化国家经济差距的迫切愿望以及超越工业化发展阶段的显著特征。

因此可以说，如果世界上任何发展中国家在工业化过程中都会遇到二元经济结构这一问题，那么中国工业化过程则是跨越了工业化发展顺序，重工业的优先发展以强制从农业攫取农业剩余，从而致使农业的落后。因此，中国的二元经济差异表现得尤为突出。

2.1.2 二元经济结构的测度

研究二元经济结构一元化过程中的财政风险，首先需要对二元经济结构进行测度，通过相应量化指标分析，才能更为准确地分析二元经济结构的演进过程，进而分析一元化的路径选择及公共财政风险，并提出有意义的政策建议。二元经济结构反映了现代非农部门和传统农业部门的要素生产效率及产值在两部门之间的配置。

为更方便和准确地对二元经济结构进行测度，需要可获取的数据，并根据特定环境给出一定事实依据的假设。由于农业和工业两部门最能代表"传统部门"和"现代部门"，因此目前已有文献在量化二元经济结构差异中，一般采用国民经济核算中有关农业和工业两部门的指标或作为"传统部门"和"现代部门"的"样本空间"进行研究。随着社会经济发展，"传统部门"和"现代部门"

的内涵和外延都在一定程度上发生了演变，"传统部门"的范围由狭义上的"农业"演变为"第一产业"，"现代部门"的范围则由狭义上的"非农产业"演变为"第二产业"进而演变为"非第一产业"。而测算二元经济结构的指标，主要包括二元对比系数、比较劳动生产率、二元反差系数、城乡居民收入差异系数和城乡居民恩格尔系数差异度。

2.1.2.1 指标的选择

二元经济结构体现了农业和非农业两部门经济的差异程度，经济学家在衡量二元经济的差异程度时，大多采用比较劳动生产率、二元对比系数、二元反差系数、城乡居民收入差异系数和城乡居民恩格尔系数差异度进行描述。考虑到测算的全面性，本书采用上述指标对我国二元经济结构差距进行测算。

2.1.2.2 数据的预处理

本书以1978年为基期，把相关数据进行了整理和计算，并利用其测度中国二元经济结构演变的情况。

（1）二元对比系数。该指标指二元经济结构中农业部门和非农业部门比较劳动生产率之间的比率。该系数理论上处于（0，1）这个区间，系数越小，说明两部门的二元性越弱；系数越大，说明两部门的二元性越强；当为0时，表明产业的比较劳动生产率为0，经济的二元性高度显著；当为1时，表明产业的比较劳动生产率相同，经济的一元性高度显著。发达国家的二元对比系数一般为0.52~0.86，发展中国家一般为0.31~0.45（杨治，1985）。

（2）二元反差系数。该指标指各产业的产值比重与劳动力比重之差的绝对值之和的算术平均数。该指标与二元对比系数的理论意义相反。二元反差系数越小，说明反差程度越小；反差系数越大，说明反差程度越大。

（3）比较劳动生产率。该指标指一个部门的产值比重（或收入比重）同劳动力比重的比率。比较劳动生产率越高，则本部门的产值与劳动力比值越大，因此该指标能大致客观地反映一个部门当年的劳动生产率。从时间序列考察，经济结构的二元性越强，意味着农业部门与非农业部门比较劳动生产率差异越大。

（4）城乡居民收入差异系数。该指标反映农村居民人均纯收入与城市居民人均纯收入的差异程度，用公式表示为 $s = 1 - n/c$。其中，n 为农村居民人均纯收入，c 为城镇居民人均纯收入，s 的取值范围为（0，1）区间。当 $s \geqslant 0.5$ 时，可以认为二元经济结构非常显著；当 $0.2 \leqslant s \leqslant 0.5$ 时，可以认为二元经济结构较为显著；当 $s < 0.2$ 时，可以认为二元经济结构不显著。

（5）城乡居民恩格尔系数差异度。该指标的计算方法为农村居民恩格尔系数减城市居民恩格尔系数的差，反映的是城乡居民的生活质量差别。当 $e \leqslant 5\%$ 时，可以认为城乡居民生活质量基本一致；当 $5\% \leqslant e \leqslant 10\%$ 时，可以认为城乡居民生活质量差异较大；当 $s > 10\%$ 时，可以认为城乡居民生活质量差异很大。

假设 G 为总产值（或总收入），$i = 1,2$ 分别表示为农业部门和非农业部门，L 为劳动力总数，G_i 为 i 部门产值（或收入），L_i 为 i 部门劳动力数，B_i 为 i 部门比较劳动生产率。显然，$G_1 + G_2 = G$，$L_1 + L_2 = L$。因此，比较劳动生产率的计算公示为：

$$B_i = \frac{G_i/G}{L_i/L} \tag{2-1}$$

二元对比系数（*CI*）的计算公示为：

$$CI = B_1 / B_2 \qquad (2-2)$$

二元反差系数（*RI*）的计算公式为：

$$RI = \frac{1}{2} \times \left(\left| \frac{G_1}{G} - \frac{L_1}{L} \right| + \left| \frac{G_2}{G} - \frac{L_2}{L} \right| \right) \qquad (2-3)$$

2.1.2.3　测算结果及分析

根据上述公式，我们测算出相应结果如表2-1所示。

表 2-1　我国二元经济结构情况

单位：%

年　份	G_1/G	L_1/L	B_1	G_2/G	L_2/L	B_2	CI	RI	s	e
1978	27.9	82.1	34.0	72.1	17.9	4.0	8.5	54.1	61.1	10.2
1979	31.0	81.0	38.2	69.0	19.0	3.6	10.5	50.1	58.6	6.8
1980	29.9	80.6	37.1	70.1	19.4	3.6	10.3	50.7	59.9	4.9
1981	31.6	79.8	39.6	68.4	20.2	3.4	11.7	48.2	54.6	3.2
1982	33.1	78.9	42.0	66.9	21.1	3.2	13.3	45.8	48.7	2.0
1983	32.9	78.4	42.0	67.1	21.6	3.1	13.5	45.5	45.1	0.2
1984	31.8	77.0	41.4	68.2	23.0	3.0	14.0	45.1	45.4	1.2
1985	28.2	76.3	36.9	71.8	23.7	3.0	12.3	48.1	46.2	4.5
1986	26.9	75.5	35.6	73.1	24.5	3.0	12.0	48.6	52.9	4.0
1987	26.6	74.7	35.6	73.4	25.3	2.9	12.3	48.1	53.9	2.3
1988	25.5	74.2	34.3	74.5	25.8	2.9	11.9	48.7	53.9	2.6
1989	24.9	73.8	33.7	75.1	26.2	2.9	11.8	48.9	56.2	0.3
1990	26.9	73.6	36.5	73.1	26.4	2.8	13.2	46.7	54.6	4.6
1991	24.3	73.1	33.2	75.7	26.9	2.8	11.8	48.8	58.3	3.8

续表

年　份	G_1/G	L_1/L	B_1	G_2/G	L_2/L	B_2	CI	RI	s	e
1992	21.5	72.5	29.7	78.5	27.5	2.9	10.4	51.0	61.3	4.6
1993	19.5	72.0	27.1	80.5	28.0	2.9	9.4	52.5	64.2	7.8
1994	19.7	71.5	27.5	80.3	28.5	2.8	9.8	51.8	65.1	8.9
1995	19.8	71.0	27.9	80.2	29.0	2.8	10.1	51.2	63.2	8.5
1996	19.5	69.5	28.0	80.5	30.5	2.6	10.6	50.0	60.2	7.5
1997	18.1	68.1	26.5	81.9	31.9	2.6	10.3	50.0	59.5	8.5
1998	17.3	66.6	26.0	82.7	33.4	2.5	10.5	49.3	60.2	8.7
1999	16.2	65.2	24.9	83.8	34.8	2.4	10.3	49.0	62.2	10.5
2000	14.8	63.8	23.3	85.2	36.2	2.4	9.9	48.9	64.1	9.7
2001	14.1	62.3	22.7	85.9	37.7	2.3	9.9	48.2	65.5	9.5
2002	13.5	60.9	22.1	86.5	39.1	2.2	10.0	47.5	67.9	8.5
2003	12.5	59.5	21.0	87.5	40.5	2.2	9.7	47.0	69.1	8.5
2004	13.1	58.2	22.4	86.9	41.8	2.1	10.8	45.2	68.8	9.5
2005	11.8	57.0	20.7	88.2	43.0	2.1	10.1	45.2	69.0	8.8
2006	10.8	55.7	19.4	89.2	44.3	2.0	9.6	44.9	69.5	7.2
2007	10.5	54.1	19.3	89.5	45.9	2.0	9.9	43.7	70.0	6.8
2008	10.4	53.0	19.7	89.6	47.0	1.9	10.3	42.6	69.8	5.8
2009	10.0	51.7	19.4	90.0	48.3	1.9	10.4	41.6	70.0	4.5
2010	9.6	50.1	19.2	90.4	49.9	1.8	10.6	40.4	69.0	5.4
2011	9.5	48.7	19.6	90.5	51.3	1.8	11.1	39.2	68.0	4.6
2012	9.5	47.4	20.1	90.5	52.6	1.7	11.7	37.9	67.8	6.3
2013	9.4	46.3	20.3	90.6	53.7	1.7	12.1	36.9	67.0	2.6
2014	9.2	45.2	20.3	90.8	54.8	1.7	12.2	36.1	66.3	3.9
2015	8.9	43.9	20.2	91.1	56.1	1.6	12.5	35.0	65.5	2.3

　　注：以上数据均来源于历年《中国统计年鉴》以及历年《国民经济和社会发展统计公报》，并经整理计算得出。

从表 2-1 中,我们可以得出:①农业和非农业的比较劳动生产率差异程度整体上呈现扩大的趋势;②自改革开放以来,经济结构的二元性整体上得到强化;③城乡居民收入差距整体上在扩大;④城乡生活质量差异整体上在缩小;⑤二元经济结构调整势在必行。从比较劳动生产率可以看出,中国二元经济结构差异程度一直比较大。

2.1.3 二元经济结构的变迁

图 2-1 和图 2-2 分别为 1978~2015 年比较劳动生产率变化曲线和我国二元经济结构变化曲线。

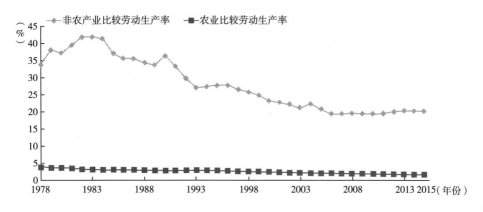

图 2-1 1978~2015 年比较劳动生产率变化曲线

从图 2-1 可以看出,从改革开放至今,中国农业比较劳动生产率相对于非农产业比较劳动生产率而言一直处于低位徘徊。而非农产业比较劳动生产率逐步降低,但与农业比较劳动生产率相比,差异仍然较大。

从图 2-2 中,我们可以看出,中国二元经济结构自改革开放

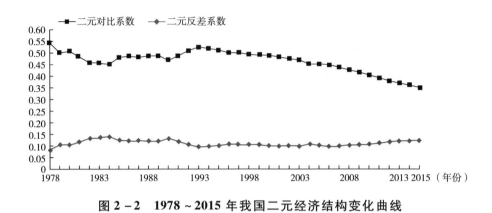

图 2 - 2　1978～2015 年我国二元经济结构变化曲线

以来，呈现比较明显的波动性变化特征，大致经历了 1978～1984 年缩小、1984～1993 年扩大、1993～2015 年再次缩小的三个阶段。

1978～1984 年，在农业方面，由于家庭联产承包责任制的实施，土地生产关系得到改善，农民的经营自主权有所扩大，农村利益关系得到了调整和改善，农民生产积极性大大提高，农业生产率得到大幅度提升，中国农业在这一阶段出现了连续六年的超常规增长。城市的改革尚未起步，在工业方面，农产品收购价格大幅度提高，在一定程度上缩小了工农产品交换的价格剪刀差，从而使得国民收入分配格局得到改善。这种格局促使农业和非农产业之间的差距逐步在缩小，二元反差系数从 1978 年的 0.541 降低到 1984 年的 0.451。

1984～1993 年，农村改革的成功，诱导了中国经济体制改革的重心从农村转移到城市，城市经济体制相应也进行了一系列改革。特别是 1984 年中共十二届三中全会通过的《中共中央关于经济体制改革的决定》，加快了这一系列改革的步伐。在"发挥中心城市作用"的思想指导下，顺利推进企业改革，以小城市为试点，逐步推广到大城市的城市改革工作，包括了计划体制、行政管理体制、工业管理体制、财政体制、流通体制、劳动工资、金融体制、价格体制和外贸体制等多个单项的综合改革。在这种背景下，农业产值占总产值的比重下降过快①，从而扩大了二元经济结构的差异，二元反差系数从 1984 年的 0.451 上升到 1993 年的 0.525。

1993～2015 年，二元经济结构整体再次呈现下降的趋势，二元反差系数从 1993 年的 0.525 下降至 2015 年的 0.350。产生这一现象的原因主要在于以下几个方面。

一是国家不断强化市场在资源配置中的作用。从发挥市场在资源配置中的基础性作用到决定性作用。② 这就要求政府不断转变职能，建立健全宏观经济调控体系；打破地区、部门之间的分割，完善生产要素市场；规范市场行为，建立竞争、有序、开放的统一大市场等。这些政策的出台，初步建立了生产要素统一市场，使生产要素资源配置得到了一定程度上的改善，从而使经济结构的二元性得到弱化（张应禄、陈志刚，2011）。

二是中国经济进入全面转型时期，改革开放进一步深化，各种制度相对放开，中国城镇化速度加快，城市基础设施建设突飞猛进地发展，中国工业进入了新的发展阶段。农村大量低廉的剩余劳动力得到释放，农村剩余劳动力大量向城市转移，农民工资性收入得到快速增长，劳动力生产要素得到进一步优化配置。

---

① 国家计委经济研究所课题组：《二元结构矛盾与 90 年代的经济发展》，《经济研究》1993 年第 7 期，第 3～14 页。

② 2013 年中共十八届三中全会提出发挥市场机制在资源配置中的决定性作用。

三是农村税费改革的不断深化，农业税和农业特产税的逐步取消，农村基层转移支付力度的不断加强，农民直接补贴力度的不断加大和农村土地承包制度的不断完善，从而在分配上进一步理顺和规范了国家、集体、农民三者之间利益关系，进一步巩固了农业基础地位，保护了农民利益，使农业和非农产业之间的差距不断缩小。

2.2　二元经济结构产生的原因

由于非常薄弱的经济发展基础和特定的国内外环境，新中国成立后，政府选择了重工业发展优先的工业化发展战略。这一发展战略，决定了必须同时实行城市优先的发展战略。为了加快重工业发展速度，中国通过财政、金融、物资、外贸体制、国有企业经营管理体制和农村集体经济组织方式集中资源配置，从农业吸取尽可能多的资本，使有限的资源向重工业倾斜。这种特殊的经济体制的核心，实际上就是"农村哺育城市，农业哺育工业"。与这一核心相联系的财政制度，包括税收、财政支出、公共产品供给等二元制度，即二元财税体制。

2.2.1　二元税制结构

新中国成立后，政府为了保障工业建设所需资金，设置了一套按征税主体分类的税收管理办法，从农业抽取工业建设所需资金。税务部门征收工商税，财政部门征收农业税。2006年全国范围内取消除烟叶以外的农业税和农业特产税以前，我国一直实行现代工商税和传统农业税并存的二元税制，即对城市工商业统一征收工商税，对农业单独征收农业特产税和农业税。农业税是以农业总收入为征税对象，以常年产量为计税依据，全国平均税率为15.5%，因此农业税具有所得税的特征。与城市个人所得税相比，城市个人所得税有免征额以及保险等相关优惠，而农村大多数农民生产经营处于低效益甚至亏损状态，根本不具备纳税能力或纳税资格。与城市企业所得税相比，城市企业所得税的企业应纳税所得额为收入总额扣除成本费用，而农业税没有成本费用扣除的相关优惠。与城市增值税相比，增值税为销售税额减去进项税额，即允许扣除相应的成本费用，而农业特产税并不能扣除生产成本费用。与城市营业税相比，营业税具有起征点的规定，同时营业税除娱乐休闲业税率较高外，其他税率都较低，而农业特产税没有起征点的规定，同时税率明显偏高。由此可见，按农业和非农产业设计的二元税收制度，明显违背了税收的公平原则，是造成二元经济结构的重要原因。

2.2.2　公共服务二元供给制度

从财政支出方面来看，公共资源配置过度向城市倾斜，而对农村居民则在客观上有着一定程度的歧视，农村居民从政府财政支出中得到的公共服务远远低于城市居民所得到的（傅道忠，2004）。新中国成立以来，我国长期实行"城乡分治"的二元制度，以及城乡之间的公共服务二元供给制度，即农村公共服务在很大程度上由农民自筹资金或通过"投工""投劳"等方式解决，而城市公共服务基本上由国家提供。虽然国家财政每年都要向农业投入部分资金，但由于投入经费较少，这些经费大多属于政府涉农部门的管理经费，真正落实到农业、农村和农民身上的经费则非常少。在这种财政制度安排下，工业属全民所有，财政对其支出属于"投资"；农业属集体所有，对其支出属于"消费"。财政对工农业支出属于两种不同所有制之间的资金支持关系。实际上这种制度等于把农民排斥在"国民"范畴之外。农村公共产品长期以来有相当大的比重是农民通过以"自给自足"为主的方式提供的，虽然这种供给机制在不同的时期有不同的表现形式，但实质内容与基本格局并没有发生本质的变化，农民并未从实质上摆脱农村公共产品供给主体的责任。

2.2.3 二元收费制度

一是乡村统筹提留制度。实际上，乡统筹、村提留制度是农民除缴纳国家税金，完成国家农产品订购任务外，所缴纳的属于集体性质资金的征收管理制度。乡统筹、村提留制度是在人民公社时期生产队等集体经济组织上缴公益金、公积金的基础上演化而来的，是农村实行家庭联产承包责任制的集体积累制度。它虽然在发展农村各项经济、社会事业方面发挥了重要作用，但也确实加重了农民负担。二是工农产品价格剪刀差和农村土地征用出让差。农民负担有隐性和显性之分，农村土地征用出让差、工农产品价格剪刀差等属于隐性负担，乡统筹、村提留属于显性负担。实际上，乡统筹、村提留是政府专门对农民收取的一种"准税收"。农村土地征用出让差、工农产品价格剪刀差等就属于国家吸取农村资金支持城市工业发展的隐蔽方式。

2.2.4 税收管理体制

分税制同样也是二元经济结构产生的重要原因。需要指出的是，1994 年实行的分税制财政体制改革虽然对理顺政府与市场的关系起到了一定的积极作用，但同时也在一定程度上恶化了二元财政格局，加重了农村居民的税负。1994 年至今，分税制的执行结果是，财权不断上移，事权不断下移。但是，作为保障财力的转移支付制度尚未充分发挥平衡事权与财权不对称的问题。在事权下移的过程中，地方政府为保证基层政权的正常运行，保障各项工作的开展，必然设法开辟制度外的收入渠道，让农民为分税制买单（秦海林、席文，2013）。非税收入增加的消极影响是多方面的：一是以费挤税，侵蚀税基，削弱政府宏观调控能力，制约政府职能的有效履行；二是加重纳税人负担，在经济不发达、税收收入相对较少的地区，基层政府为了自身财政运行需要，会产生加大费用的征收冲动，造成收费恶性膨胀。另外，税收管理上的税收优惠与税收受益原则相背离在一定程度上固化了二元经济结构。税收优惠的经济实质是一种财政补贴。财政补贴的目的应是调节供需平衡、稳定市场物价、支持生产发展、维护生产经营者以及消费者利益。但我国税收优惠政策过于偏向沿海经济发达地区，对地区和城乡协调发展产生一种逆向调节作用，违反了税收中性原则。同时，地方政府为加大招商引资出台的各种地方税收优惠政策，造成税收政策的割裂，对全国统一市场的形成产生消极影响。很多地方政府及其财税部门通过各种方式变相减免税收，包括税收返还等税收优惠方式，人为制造"税收洼地"，严重影响市场公平竞争。特别是区域税收优惠政策，易导致一些地方滥用减免规定，延长优惠期限，争相扩大税收优惠范围，形成税收优惠方面的恶性竞争态势。

2.2.5　税收的收入分配调节功能不突出

我国二元经济结构在收入差距方面主要呈现地区间收入差距和城乡居民收入差异巨大两个特征。造成收入分配不平等或分配不公与计划经济时代"高积累、低消费"为特征的分配模式有关。收入差距是二元经济结构的表面特征，根源是在调节收入差距方面存在一定程度的"制度失灵"。改革开放以后，我国居民收入水平虽然有了明显提高，但是税收制度的改革和完善跟不上时代的变化，税收调节收入分配的功能无法得到有效发挥。目前我国能起到财富和收入再分配的主要税种包括房产税、个人所得税、车船税和土地增值税。与税收制度完善的国家相比，这些税种仍然存在诸多问题。例如，个人所得税还是采用以个人为单位的分类所得模式，与以家庭为单位的综合所得相比，未能很好地体现税收公平原则。另外，税收体系不健全，税收职能不明显，社会保障税、遗产与赠予税和资本利得税尚未开征。即使现有具备对财富和收入进行再分配的税种，也主要是筹集财政收入，宏观调控效果不明显。

综上所述，在以二元税制、二元公共服务供给制度等为背景的二元财政体制下，农村的税收负担比城市的税收负担重，而农村享有的公共服务比城市少，必将产生城乡二元经济结构。另外，现有的分税制财政体制和税收收入分配调节功能的不突出固化了二元经济结构。

3 二元经济结构一元化的路径选择

在宏观经济上，二元经济结构中存在的二元制度，导致农村居民的收入和消费增长十分缓慢。而其产生的消极影响，一方面在经济过热时会因缺少农村的熨平机制而放大通货膨胀，另一方面在经济萧条时会通过抑制需求和投资加剧通货紧缩。在增长方式上，二元经济结构中存在的两种不同体制，导致工业部门的发展伴随着资本－产出比的不断上升，从而使现代部门淤积了大量资本。因此，这种增长方式是否可持续，令人怀疑。在地区发展上，由于资本、劳动、技术等生产要素难以实现最优配置，因此二元经济结构不利于地区间的经济互补，以至于地区差距呈现库兹涅茨倒 U 形现象：先减弱、再增强（范剑勇、朱国林，2002；林毅夫、刘培林，2003）。在资源配置上，两种不同的体制导致生产要素的自由流动受到阻碍，传统部门的劳动力与现代部门的资本在生产过程中不能得到有效配置，形成了传统部门的劳动力与现代部门的资本出现双重过剩的现象（王俭贵，2002），意味着生产要素的配置没有达到最优状态，存在帕累托改善。在收入分配上，二元经济结构的两种不同运行体制使得现代市场经济的竞争机制难以充分发挥作用，劳动力难以完全自由流动，城乡居民之间的收入差距呈现相对扩大的趋势，而不是所期望的缩小的趋势（Shi，Xinzheng，2002；蔡昉，2002；D. 盖尔·约翰逊，2004）。此外，由于整个社会的经济体系都是以产业为主导，从而容易形成区域、金融、技术二元结构的次生产物，因此二元经济结构还具有自我加剧的特征。这些因素相互交织，相互影响，成为影响我国经济发展的阻力。

3.1　城乡生产要素配置与二元经济结构转化

二元经济结构理论认为，发展中国家普遍存在"二元经济结构"。在这种经济结构下，资本主义化的城市工业部门相对于传统的农业部门而言，集中了大量的资本，具有较高的劳动生产率。而传统的农业部门相对于现代的城市工业部门而言，拥有大量的剩余劳动力。随着现代工业部门的利润或剩余用于投资，更多的农村剩余劳动力被吸收，直到农村剩余劳动力全部被工业部门消化，二元经济演变为一元经济。

新中国成立以后，通过特定的制度安排吸取农村资源向以城市为依托的工业部门倾斜，在极短时间内迅速建立了一套完整的工业体系，并积累了相应资本生产要素。但是这种过度的资源倾斜政策，导致农业与工业之间资源分配不均，农业发展严重滞后于工业，严重阻碍经济协调发展。另外，与大多数发展中国家相比，我国还有三个特殊的国情。一是通过户籍制度，割裂了劳动力生产要素市场，人为地将劳动力分为城市劳动力和农村劳动力，限制了农村剩余劳动力平稳有序地转移。二是通过金融体系，割裂了资本生产要素市场，使城乡居民融资权利不同，农村集体土地所有制长期限制农民以土地作为抵押资产融资，农村存贷差巨大，融资难，融资成本高，致使资金流向城市。三是通过《土地管理法》等土地管理制度，将土地分为城市土地全民所有制和农村土地集体所有制，割裂了土地生产要素市场，造成了土地产权残缺以及土地二元结构，并固化了二元经济结构。土地产权残缺造成的土地细碎化经营，使得土地与资本和劳动力生产要素配置比例的失调。另外，土地交易权限和交易用途的限制，也使得农村和城市之间土地生产要素自由流动受到了抑制。

根据报酬递减规律，生产要素倾向于从充裕的部门流向稀缺的部门，从而使生产要素报酬实现均等化。但问题是在我国这种特殊的国情下，选择一条什么样的路径去实现生产要素报酬的均等化。按照结构主义发展经济学的观点：在生产要素自由流动的情况下，城市化随着工业化的发展而迅速扩张，城市剩余资本被农业大量吸收，农业部门的剩余劳动力和土地被现代工商业部门吸收，二元结构逐渐趋同，工业与农业逐渐均衡发展。通过以上分析发现，实现二元结构一元化，必须具备两个先决条件：①具有生产要素的统一市场（或者是劳动力、资本和土地等生产要素的自由流动）；②现代工商业部门的扩大（高水平城市化）。其中，第一个条件是核心和关键。

随着我国市场化进程的加快和经济体制改革的深入，行政性配置资源格局正逐渐打破，户籍制度改革以及土地流转制度的逐步实施，以市场为导向的资源配置方式决定了各类生产要素从收益率较低的部门或地区流向收益率较高的部门或地区。换言之，某部门如果生产要素的边际生产率较高，将能从生产要素边际生产率较低的部门吸收更多的生产要素，从而实现二元结构的转化和经济的快速增长。

劳动力、资本和土地作为稀缺性资源和基本的生产要素，是经济增长不可或缺的。在我国，通过经济增长提供劳动力就业机会（张车伟、蔡昉，2002）、减少贫困（胡鞍钢，2006）以及提高居民收入水平等具有重要作用。因此，在资源的稀缺性条件下，实现劳动力、资本、土地的最优配置，促进经济持续快速增长具有重要意义。

3.2 文献回顾

对于任何一个经济部门而言，有效的生产要素资源配置都是其走向繁荣的一个重要步骤。因此很多学者从生产要素配置的有效性来研究我国二元经济结构差异。新古典经济学认为，农业剩余劳动力转移可以实现农业与非农业部门的劳动生产率趋同（Foellmi, Zweimüller, 2008；Kongsamut et al., 2001；Echevarria, 1997；等等），但这一结论是基于市场中不存在要素流动障碍的假说。新二元经济增长理论与新古典经济学假说完全不同，该理论认为，发展中国家的要素市场往往存在不尽完善的地方，导致生产要素受到市场垄断、政府政策、制度文化等因素的影响，难以在两部门之间充分自由流动，从而抑制了城乡二元经济结构的转化（Temple, 2005, 2006；Vollrath, 2009）。为此，张杰等（2011）从中国要素市场的市场化进程滞后于产品市场乃至总体市场的市场化进程所产生的要素市场扭曲这一典型事实出发，研究发现在要素市场扭曲程度越深的地区，对企业研究与发展（R&D）投入的抑制效应就越大。同时认为，地方政府通过对要素市场的控制，或者限制生产要素的自由流动，可能会产生促进地方经济增长的短期效应，但长期会显著抑制地区内企业 R&D 投入。全面加快和推进要素市场的市场化改革是国家战略政策调整的主要方面。自 1978 年党的十一届三中全会开始实行对内改革、对外开放的政策以来，为尽快实现经济崛起，中国加快转变经济发展方式，坚持以经济增长为中心的发展战略。在这一背景下，中央将经济增长为核心的政绩作为地方官员的考核制度。虽然这种考核制度对推动经济增长起到了不可磨灭的作用，但也产生了诸多消极作用。地方官员把推动辖区经济增长作为主要的施政目标，在生产要素配置中错误地偏向非农产业部门①，因此造成的城乡要素错配，可能是中国二元经济结构得到进一步强化的重要原因。

市场体系不完善的国家普遍存在严重的要素错配问题（Banerjee and Duflo，2005），可以在很大程度上通过发展中国家与发达国家在要素配置上的差异解释二者全要素生产率水平的不同。从中国二元经济结构的实践来看，农业与非农产业同样存在城乡劳动力、资本、土地等生产要素的错配。

综上所述，受到城乡生产要素配置不协调导致的二元经济结构差距较大，制约着中国经济健康发展。虽然有部分学者基于劳动力和资本生产率进行研究（阮征，2005；姚林如等，2008），但鲜有

---

① 生产要素配置的非农偏向并不是指生产要素在非农部门配置的多或少，而是指政府以城镇非农产业为中心来干预生产要素市场交易，从而导致生产要素配置的政策性扭曲，损害了城乡经济协调发展。

文献从全要素生产率的角度系统研究。基于以上思路，本书基于城乡部门生产要素配置的视角，研究城乡边际生产率差异对二元经济结构转化滞后的影响。

3.3 城镇化过程中生产要素配置效率差异的实证分析

3.3.1 劳动力和资本生产要素配置效率

（1）基本计量模型的设定

柯布－道格拉斯生产函数可用来分析国家或地区的投入与产出关系，而土地、资本、劳动力是投入生产过程的基本要素，因此在测算边际生产率的过程中，通常采用柯布－道格拉斯生产函数（龚六堂、谢丹阳，2004；Nicholson，2008；钟国辉等，2014）。为此，基于上述假设，我们可以得到：

$$Y = AK^{\alpha}L^{\beta} \tag{3-1}$$

将公式（3-1）两边同时取对数，得到

$$\ln Y_{it} = \ln A + \alpha \ln K_{it} + \beta \ln L_{it} + \varepsilon_{it} \tag{3-2}$$

其中，Y 表示产量，用城市人均可支配收入和农村人均纯收入衡量；A 表示不能测算的技术水平；K 表示投入的资本量，用城乡固定资产投资来衡量；L 表示投入的劳动量，用城乡就业来衡量；α、β 分别表示 K 和 L 的产出弹性；ε_{it} 表示随机误差项。指标的所有数据来源于 1996~2015 年《中国统计年鉴》和国家统计局网站等。

（2）时间序列的平稳性检验

根据 Eviews 7.0 软件检验结果，城镇和农村的人均收入、资本投入量、劳动力投入量 ADF 单位根检验统计量在 5% 的置信度水平下均不能拒绝原假设，而其一阶差分值的 ADF 单位根检验统计量在 5% 的置信度水平下均拒绝原假设，表明所有序列都是一阶单整 $I(1)$，满足进一步协整分析的条件。

（3）协整检验及结果分析

根据城镇和农村产出、资本投入量和劳动力投入量的 Jonansen 协整检验结果，在 10% 的显著水平下接受变量之间分别至少有 1 个协整关系。估计出城镇和农村经过标准化的协整关系分别为：

$$\ln Y_{urban} = -3.4537 + 0.3651\ln K_{urban} + 0.8432\ln L_{urban} \qquad (3-3)$$

$$\ln Y_{rural} = 71.4444 + 0.0697\ln K_{rural} - 5.9638\ln L_{rural} \qquad (3-4)$$

从公式（3-3）和（3-4）中，我们可以得出以下结论。

①城镇和农村固定资产投资的产出弹性系数均为正值，说明加大城镇和农村的资本投入，有利于增加城镇人均可支配收入和农村人均纯收入。由于城镇固定资产投资产出系数明显大于农村，说明增加城镇固定资产投资带来的收入效应明显大于农村，这就解释了近年来我国农村地区社会资本投入相对不足的原因。

②城镇劳动力投入量的产出系数为正值，农村劳动力投入量的产出弹性系数为负值。说明农村劳动力转移到城镇有利于提高农村人均纯收入和城镇人均可支配收入。

3.3.2 土地生产要素配置效率

由于查阅了大量文献和历年《中国统计年鉴》、《中国农村统

计年鉴》、《中国城市统计年鉴》、《中国农业发展报告》和《中国
土地统计年鉴》等相关年鉴，没有按照农村和城市的口径统计土地
投入指标，同时也没有找出相应的替代指标计算土地边际生产率，
只有 2004～2009 年的《中国统计年鉴》统计了 2003～2008 年建设
用地和农用地的情况，因此本书借鉴钟国辉、郭忠兴、汪险生
（2014）的办法，将 2003～2008 年的城市建设用地面积和农用地面
积分别作为城市和农村土地投入量来测量城市和农村土地生产要素
的配置效率。另外，由于时间序列较短，无法采用时间序列和面板
数据做出实证分析，因此本书采用收入土地弹性系数来定量分析农
村和土地生产要素配置效率。

$$弹性系数\ E = \frac{\Delta Q_{income}/Q_{income}}{\Delta Q_{land}/Q_{land}} \qquad (3-5)$$

其中，$\Delta Q_{income}/Q_{income}$ 表示收入的相对变动，$\Delta Q_{land}/Q_{land}$ 表示土地
的相对变动。具体测算结果如表 3-1 所示。

表 3-1　2003～2008 城市和农村收入土地弹性系数

指　标	2003 年	2004 年	2005 年	2006 年	2007 年	2008 年
建设用地（万公顷）	3106.47	3155.12	3192.24	3236.48	3272.01	3305.78
农用地（万公顷）	65706.14	65701.85	65704.74	65718.84	65702.14	65687.61
城市人均可支配收入（元）	8472.20	9421.60	10493.00	11759.50	13785.80	15780.76
农村人均纯收入（元）	2622.20	2936.40	3254.90	3587.00	4140.40	4760.62
城市收入土地弹性系数	—	7.15	9.67	8.71	15.70	14.02
农村收入土地弹性系数	—	-1835.24	2468.07	475.38	-607.05	-677.35

我们可以从表 3-1 中看出：①2003～2008 年城市土地弹性系

数基本维持一个增长的态势，说明城市土地边际利用效率较高；②除2005年和2006年外，农村收入土地弹性系数明显小于城市收入土地弹性系数。说明农村土地的流转有利于提高农村收入。原因在于，当前农村以碎片化的经营模式为主，农业生产的规模化、专业化和机械化程度较低，农村土地资源利用效率较低，农民收入难以得到有效提高。因此，加快土地流转有利于提高农村收入。

3.4　二元经济一元化的路径选择

通过以上实证分析，显然我国城乡劳动力、资本、土地的边际生产率存在较大差异。根据西方经济学经典理论，在生产要素自由流动的完全竞争市场中，如果某一地区生产要素边际生产率低于另一地区生产要素边际生产率，则会出现生产要素从边际生产率低的地区流向边际生产率高的地区，直至两地区边际生产率相等。从上述实证结果来看，我国城乡劳动力、资本、土地边际生产率差异不仅没有得到缩小，而且有扩大的趋势。出现这种结果，说明我国城乡尚未处于一种生产要素自由流动的完全竞争市场，仍然存在一些体制性障碍，阻碍了生产要素的自由流动，抑制了市场经济"看不见的手"发挥调节作用。因此，必须消除阻碍城乡融合的各种制度安排，实现城乡之间劳动力、资本、土地等各类生产要素的自由流动。按照中共十八届三中全会提出的，要紧紧围绕使市场在资源配置中起决定性作用。深化经济体制改革，坚持和完善基本经济制度，加快完善现代市场体系、宏观调控体系、开放型经济体系，加快转变经济发展方式，加快建设创新型国家，推动经济更有效率、更加公平、更可持续发展。

3.4.1 农村剩余劳动力流动

中国的户籍制度明确将城乡居民区分为农业户口和非农业户口两种不同户籍，这就人为地安排了一种二元社会制度（Friedmann，2005）。户籍制度把个人的所在地域、父母身份、家庭出身等信息，与户口有机结合起来，形成了一种非公民身份制的户籍身份制，这就等于个人身份地位则由先赋因素决定，社会的差别也就有了先赋特点。生活在农村的人口实行集体制生产，并为非农业户口居民提供粮食，而生活在城市的非农业居民享受各种补助和权利。在权力机关统一控制户籍身份界定权，并以此分配公共资源时，户籍就成为个人享受公共资源分配的许可证。因此，在某一行政区域内，对异地户籍的个人而言，由权威配置的享有公共资源的权利具有排他性。这种户籍制度使得农村人口进入城市以及公民的迁移自由受到了严格限制，各地政府和公安部门往往将其变成了一种审批制度。因此，在不同的行政区域内，户籍制度演变为公共资源享有权的制度安排。因此，促进农村剩余劳动力流动，就需要恢复户籍制度本来功能，剥离附着在户籍制度上的公共服务供给制度，恢复公民居住、迁徙自由，完善户口迁移准入制度。最终建立城乡劳动力统一市场，鼓励劳动力生产要素的自由流动，促进城乡劳动边际生产率趋同，最终达到二元经济结构一元化。

事实上，农村剩余劳动力的流动，在资源配置方面，促进了资源配置的帕累托改善。对输入地而言，农村移民可以对城镇居民的收入产生正向影响，但这严重依赖于市场化的进程（沈坤荣、余吉祥，2011）。对输出地而言，劳动力流动成功地把劳动力流出地的农村剩余劳动力转移至发达地区。这些人在外学习了技术，积累了资本，实现了生产要素的重新组合，推动了流出地经济的发展，促进了流出地传统农村经济社会向以城市化和工业化为主导的现代社会的转变（曹利平，2009）。

在中国经济的高速增长过程中，农村剩余劳动力流动也发挥了重要的作用。Barro（1992）以 1800～1990 年美国各州人口流动和经济收敛之间的关系进行了实证研究，结果显示人口流动对经济增长产生绝对收敛。Taylor 和 Williamson（1994）以 17 个国家 1870～1910 年劳动力流动与经济收敛之间的关系进行了实证分析，研究结果显示人口流动对地区收敛有决定性的作用。Benjamin Dennis 和 Tanlan（2007）充分阐释了二元经济模型中生产力水平的发展影响农村剩余劳动力向城市流动的机制。农村剩余劳动力流动在城市服务业增长中发挥重要的推动作用，而服务业的增长又能对经济结构转化发挥重要作用（郭文杰、李泽红，2009）。刘源（2009）采用 Harris - Todaro 模型框架，分析了工资率差异、生产规模差异以及城乡部门生产力水平差异对二元经济结构中农村剩余劳动力向城市转移的影响机制，并结合 1996～2006 年宏观数据对模型的分析结果进行了相关的度量，认为中国农村部门生产力水平与城市部门相比还很滞后，进一步释放农村的剩余劳动力，推动中国的工业化和城市化进程是提高农村部门劳动生产率唯一的可持续性途径。

在收入分配方面，有研究者论证了农村剩余劳动力转移对抑制社会差距扩大这一社会风险的积极作用。王秀芝、尹继东（2007）综合研究了中国劳动力流动与收入差距的关系，肯定了劳动力流动对收入差距所产生的影响。王德等（2003）将人口流动与区域经济结合起来，通过比较各省份在 1985 ~ 1990 年、1990 ~ 1995 年、1995 ~ 2000 年三个时期人口流动前后人口与 GDP 差距的变化，检验了人口流动对区域经济发展差距的减缓作用。研究结果表明，自 1985 年以来，相比人口不发生迁移时的状况，尽管区域经济发展差距仍呈持续扩大的趋势，但得到一定程度上的减缓，人口流动的确在一定程度上起到了缩小区域经济发展差距、促进区域经济均衡发展的作用。段平忠、刘传江（2005）通过建立人口流动与经济增长之间计量模型进行了实证研究，认为人口流动对增长差距的收敛作用明显。Lin 等（2004）通过分析劳动力流动对收入差距的反应弹性，认为劳动力流动的确能起到缩小区域差距的作用，但由于户籍制度对劳动力流动的限制以及东部沿海地区过快的发展速度，目前劳动力流动的规模仍不足以缩小现存的收入差距。改革开放以来，虽然区域经济差距逐渐扩大，但劳动力流动对经济增长差距的收敛作用明显（段平忠、刘传江，2005；马少晔、应瑞瑶，2011）。

农村剩余劳动力流动已经成为促进农村收入增长的重要方式。在中国内陆地区，通过农村剩余劳动力流动促进农村收入增长的效应尤为明显。农村剩余劳动力流动，极大地改善了地区收入的不平衡状况。没有任何可靠的数据证明农村剩余劳动力流动导致农业生产风险或者农业产量的减少。不仅如此，农村剩余劳动力流动还是平衡地区差距、实现农村转型和消除贫困的重要途径（马忠东等，2004）。

3.4.2　城镇化

"资本逻辑"是一种以资本增值为目的，资本作为占支配地位的现代生产关系,在这一生产关系下,资本占统治和支配地位的交换原则和体系(崔翔,2014)。资本采用"时空压缩"的方式,解决过度积累危机和不断实现自我增值的过程是城乡形态和空间变迁的内在动因(Harvey,1985)。除了不断追求资本积累和增值之外,收益分配还应体现"以人为本"和"公平正义"的价值取向,从而使资本增值的福利为全社会每一个部门、每一位成员所共享。空间正义,就是存在于空间资源配置领域和空间生产中的公民空间权益方面的社会公正和公平,包括"生产、分配、交换、消费"的正义(任平,2006)。自1978年实施改革开放以来,城市空间生产在其影响下,虽然取得了一定的成效,但同时产生了诸多不合理以及无序化的现象。而推动城镇化正是实现资本逻辑的空间正义转向,对资本加以规范和引导,使其克服其增值和贪婪的本性,通过资本在空间上的重构,促使资本合理、有序地为空间生产服务。因此,实现资本逻辑的空间正义转向,有利于优化城乡的空间布局、实现城乡公共服务均等化、提高城乡可持续发展的能力、推动城乡一体化发展进程。因此,城镇化就是鼓励资本生产要素空间上的自由流动,促进城乡资本边际生产率趋同,最终到达二元经济结构一元化。

(1)对消费产生的影响。根据 Lewis(1954)的二元经济结构理论,通过发展城市工业,消化和吸收农村剩余劳动力,可以有效解决发展问题,为统筹城乡发展提供了借鉴。此后,Jogenson(1961)从需求结构和消费结构的角度对二元经济结构理论进行了拓展,认为人们对农业产品的需求缺乏弹性,但是对工业产品的需求是极富弹性的。当农业产品的需求得到充分满足时,农村劳动力逐渐流入城镇。随着城镇的逐步发展，农民的消费行为和消费结构、生活方式也逐渐改变，甚至通过城市化的拉动效应将促进整个国民的消费结构升级。国内许多学者对城镇化的积极影响也进行了一些有意义的研究。例如，蔡思复（1999）认为城镇化有利于传统就业结构的优化，使得城乡居民收入水平得到提高。而城乡居民收入水平的提高又会促使消费需求的增长，并进一步促进投资需求的扩张。随后，刘建国（2002）在此基础上进行了深入研究，通过比较同一收入水平的城乡居民消费倾向，发现相对于城市居民而言，农村居民消费倾向较低，扩大内需必须加快我国城镇化进程。谢晶晶、罗乐勤（2004）利用 1985~2001 年城镇化率、城镇居民人均可支配收入、城镇居民人均年消费支出、城市固定资产投资的数据，通过协整检验和向量误差修正模型，分析了城市化对我国经济的影响，研究结果显示城镇化率和投资、消费需求之间存在长期稳定的关系：城市化水平对城市固定资产投资和城镇居民消费支出有显著影响，在短期内，投资需求的波动与滞后一期的城市化率的波动呈正向相关关系。胡日东、苏梽芳（2007）以我国 1978~2004 年的数据为基础，建立城镇化水平和消费增长之间的动态关系模型，结果表明城镇化发展对居民消费增长有促进作用。特别是对农村居民消费增长，具有更大的累积效应。蔡昉、都阳（1999）认为，城镇化与经济增长需求变化的关系是内生的，不同区域的需求变化促进城镇化发展，城镇化的提高又会进一步促进市场发展，从而影响需求结构和消费结构。根据该研究结论可以得出，在城镇化水平很低的情况下，通过二元经济结构转型拉动消费的增长，将是一个长期的发展战略。特别是在有效需求不足的宏观经济形势下，将产生积极的短期效果。

（2）对经济产生的影响。城镇化可以创造出持久增长的需求（曾令华，2001）。李文（2001）认为，中国滞后的城市化是产业结构与就业结构严重错位的结果，并形成一种恶性循环。滞后的城市化，一方面加剧了农村劳动力与土地之间的紧张关系，恶化了农村乃至全社会的生态环境；另一方面导致大量剩余劳动力滞留在农业，制约了农业的规模化和产业化，农业边际劳动生产率低，制约了农民收入的增长。随着城乡收入差距的扩大，农业剩余劳动力大量涌入城市。在没有有序引导的情况下，给城市管理带来挑战。郑华伟等（2011）通过实证分析，揭示了城镇化与土地集约利用系统中一个变量的变化对自身以及其他变量所造成的影响，发现随着城镇化进程的加快，短期内虽然不利于土地集约利用，但长期内将促进土地集约利用水平的提高，因此在处理城镇化与土地集约利用的关系时，应采取长期而非短期策略。

3.4.3　土地集约化经营

中国的《农村土地承包法》和《土地管理法》规定农地属于集体所有，农民对土地没有处置权，只有使用权和经营权。农地承包经营权的流转自然也就仅限于使用权的流转，不涉及所有权的流转，而且采取土地流转必须经发包方同意等，因此农民的土地产权在法律上仍然是残缺的。特别是在现行的政治体制和财政体制约束之下，农民土地的收益权甚至使用权不仅经常受到地方行政强制干预，而且无法享有完整的土地承包权，从而限制了城乡土地生产要素统一市场的建立。而导致城乡土地边际生产率差异持续扩大的原因，就在于此。因此，土地集约化经营就是打破这种现行的财政体制和政治体制约束，鼓励土地流转，促进土地规模化、集约化经营，最终达到二元经济一元化。

土地集约化经营提高稀缺资源使用效率。李嘉图（D. Rardo）等古典政治经济学家于19世纪初在地租理论中，发现随着资本以及其他生产要素的不断增加，在同一土地上可以不断提高农业产量。但随着资本和其他生产要素增加到一定程度，边际产量会越来越小，甚至不增加。马克思将这一规律中增加资本或其他生产要素的投入可以不断提高农业产量，称之为"土地集约化经营"。[①] 土地集约化经营实质指依靠土地生产要素效率的提高来实现低投入高产出和良好经济效益的经营方式，实质是提高稀缺资源的使用效率，最大限度地提高经济效益（徐祖东，1997）。

孔祥斌等（2004）根据曲周县统计资料和水利观测资料，分析了近30年来土地投入变化及其对粮食作物单产变化的贡献率，并对区域水资源平衡变化的情况进行了计算和分析，发现随着曲周土地利用集约化程度的不断提高，土地的复种指数、化肥投入和灌溉率也不断提高。姜开圣等（2003）通过对江苏省扬州市土地流转等进行调查，发现土地集约化经营，不仅规模经营经济效益明显，而且有利于提高劳动生产率，促进劳动力转移。

---

① 《资本论》（第三卷下），人民出版社，1975，第760页。

4 二元经济一元化过程中的公共
风险及财政职能定位

4.1 二元经济一元化过程中产生的公共风险研究

4.1.1 城镇化过程中的风险

（1）社会风险。吴俊培（2012）认为，由于地方财政收入增长主要依靠增值税，而居民收入主要靠资本增加。因此在现有的财政体制下，各地为了增加财政收入和提高居民收入水平，通过招商引资的优惠政策扩大投资，从而导致地方之间的税收恶性竞争。由于地方政府招商引资的主要资源是"土地"，[①] 因此在城镇较为易行的办法就是把非商用土地转为商用，而在农村较为易行的办法就是把农用土地转为非农用。但是在城市，"拆迁居民"则可能隐含社会风险；而在农村，"失地农民"也可能隐含社会风险。同样，地区经济的收益预期也存在风险。同时，吴俊培教授认为，模仿经济

---

① 朱新方认为，如果缺乏资本支撑，土地就流转不起来，因此土地流转表面上是土地承包经营权的流转，实质上是资本流转。见朱新方《土地流转的利弊及风险防范》，《农村经济》2009 年第 6 期，第 17～19 页。

竞争的是不可再生资源，随着不可再生资源的消耗，生态环境遭到破坏，导致经济增长不可持续的风险。童星、李显波（2006）认为，在城镇化征用农地过程中，由于仍然沿用计划经济手段，没有发挥现代市场经济手段的优势，因此不仅没有给农民带来相关利益，[①] 反而造成农民失地和失业的风险。不仅城乡差距没有得到缩小，反而社会不公的风险得到增加。张永恩等（2009）认为，在城镇化的过程中，一方面由于乱征、滥占耕地，大搞各种开发区、工业园区，另一方面由于一些地方政府片面理解农业产业结构调整，把农业产业结构调整与粮食生产对立起来，农业产业结构调整等同于"压粮（粮食作物）扩经（经济作物）"，从而产生粮食安全风险。万朝林（2004）认为，农民的权利都直接或间接地与土地相关，土地是农民赖以生存的最根本的物质保障，一旦失去了土地就失去了与土地相联系的相关权利，也就失去了获得这种支持的机会。例如，当前政府对农民农业生产资料等方面的支持都以土地为基础。

（2）公共债务风险。中国财政科学研究院院长刘尚希教授（2012）认为，在事权下移的背景下，一旦地方财力难以使地方政府履行职能得到维系，则会使当地民众产生不满的社会风险。如果地方政府勉强为之，则离不开地方政府的债务融资。因为，地方政府仅仅依靠税收形成的财力是无法满足巨大资金需求，从而极易产

---

① 根据黄贤金（1999）的测算，江苏省1997年、1998年、1999年单位耕地面积征地的平均价格分别仅为所有权交易价格的11.35%、12.09%；另外，根据国家统计局农村经济调查总队发布的《2005年农村经济绿皮书》，被征土地收益中，地方政府占20%~30%，开发商企业占40%~50%，二者相加，平均70%或以上的收益被地方政府和开发商拿走了。

生债务融资的风险。同时，刘尚希教授还认为，在现行的财政体制下，还没有形成一个全盘考虑的收益与风险成本分担的机制，容易导致城镇化进程中的公共风险不断累积的风险。

（3）经济风险。肖万春（2006）认为，一些地方政府片面地认为城镇化就是农村劳动力的市民化以及城镇规模的扩张，致使城镇化缺乏产业依托，致使城镇对农村发展的带动力较弱，并无法吸纳大量的农村劳动力就业，产生城镇产业空洞化的风险。同时，肖万春还认为，城镇化推动着农村劳动力、资金等资源向城镇聚集。但是，如果片面地促使农村资源向城镇转移，将产生农业衰退的风险，同时会陷入恶性循环。

4.1.2　劳动力转移过程中产生的风险

英国著名经济学家阿瑟·刘易斯（Lewis，1954）最早创立的"两部门剩余劳动理论模型"，被公认为解释第三世界国家劳动力剩余转移过程的一般理论。后来很多经济学家，从各角度进行了拓展研究，包括劳动力转移过程中产生的各种风险。

（1）公共债务的风险。由于我国现行的财政体制的设计，包括财权、事权的划分以及转移支付制度，都是以假定辖区人口不流动为前提的。因此，刘尚希教授（2012）认为，人口的流动改变了财政体制存在的这个假设前提，需要调整纵向和横向的财政关系，特别是流动人口的公共服务供给。如果按照基本公共服务均等化的要求，流动人口都有权享受均等化的基本公共服务，当地将会产生较大的财政风险。同时，刘尚希教授（2012）认为，在劳动力规模巨大的情况下，使公共服务适应这种人口大流动的新情况，对各级政府的公共服务供应是一个很大的挑战。

(2) 抑制城市进程的风险。Michael P. Todaro (1989) 认为，由于城市自身也存在失业，因此农村转移的劳动力并不一定都能在城市中就业，同样也面临着无法就业的风险。这种风险的大小与城乡收入差距的大小高度相关。城市与农村的收入差距越小，则农村流入城市后不能就业的风险越大，并由此而产生抑制城市化进程的风险。

(3) 区域差距扩大的风险。沈坤荣、唐文健 (2006) 利用收敛性分析框架进行了实证检验，认为在一个存在大规模劳动力转移的经济社会中，地区生产率存在差异，一旦受到各种生产要素边际收益不再递减的影响或者缺乏有效的收敛机制，要素报酬不会产生趋同化的趋势，呈现加速扩散的风险。雷佑新、曹愉 (2006) 也证实了这一观点：在现行制度安排下，我国劳动力转移没有呈现要素报酬趋同化的趋势，反而扩大了地区经济差异。张庆 (2010) 认为，有利于农村劳动力转移的初始条件在东西部地区间存在较大差别，导致劳动力就地转移数量在地区间呈现非均衡分布特征，进一步导致和强化了农村经济在东西部地区的增长差距及在此基础上的地区差距。付文林 (2007) 认为，劳动力自由流动的制度性障碍，导致经济欠发达地区的高技术人才流向经济发达地区，区域间人力资本积累水平差距进一步扩大，并造成区域经济差距扩大的风险。

(4) 城乡差距扩大的风险。Skeldon (1999)、李旻 (2009)、宋斌文 (2004)、刘昌平等 (2008)、姚从容和余沪荣 (2005) 就农村劳动力流动对农业劳动力老龄化形成的影响进行了实证分析，认为中国农村劳动力流动无疑加剧了农业劳动力的老龄化趋势，不利于农业生产的发展。同时，刘昌平等（2008）认为，农业劳动力老龄化加速农村传统养老保障功能弱化的风险。

（5）农民收入差距扩大的风险。张平（1998）利用1988～1995年中国各省份农村家庭人均纯收入截面数据，采用基尼系数分解公式分析农村人均收入的各个来源对农村区域收入差距变化的影响，认为非农收入是拉开省际农民收入差距最重要的原因。王小龙、兰永生（2010）采用中国健康与营养调查数据，通过实证分析发现农村劳动力转移对于农户教育支出存在显著的抑制作用，从而不利于农村居民长期收入增长和缩小居民收入差距，并认为在教育财政政策设计上，现阶段农村公共教育重"基础教育"轻"职业教育"和"成人教育"的财政支出结构是造成劳动力转移抑制农户教育投资的根本诱因之一。

（6）通货膨胀的风险。吴仁洪、邹正青（1989）利用1979～1988年的数据进行了实证分析，认为中国这样一个资金短缺的低收入发展中国家，长期靠增加信贷实现农村剩余劳动力转移，这种过高的速率是通货膨胀的重要原因之一。

（7）农业生产的风险。彭大雷等（2010）根据农户调查的一手资料发现有10%的农户因无人耕种而抛荒。黄柯淇、苏春江（2009）运用柯布－道格拉斯生产函数，基于1978～2007年宏观数据定量分析出劳动力本地非农转移能促进粮食生产，而向外非农转移会降低粮食产量。蒲艳萍、黄晓春（2011）根据西部地区农户调查一手资料发现外出务工户选择耕种优质土地的比例达到22.4%，撂荒比例达6.4%。李彤、赵慧峰、刘宇鹏（2010）通过河北调查的数据发现劳动投入对粮食产生的贡献为负值。蔡波等（2008）通过江西调查数据发现，目前劳动力转移规模和速度短期内不会对粮食生产带来不利影响。刘秀梅、田维明（2005）认为，尽管农村劳动力数量巨大，但人力资本水平普遍较低。同时，估算了不同部门劳动力边际生产率，认为随着农村剩余劳动力转移规模的持续扩大，农村平均人力资本水平会进一步降低，从而对农业发展产生消极影响。陈君武（2009）认为，由于劳动力的转移，农业内部劳动力质量大大降低，因此农村劳动力的转移在给农民增收的同时，也强化了农业生产风险。

（8）社会方面的风险。Michael P. Todaro（1969）认为，农村剩余劳动力向城市转移，取决于在转移农民在城市获得高收入的概率和对失业风险的权衡。Todaro通过建立城市失业风险的动态均衡模型，发现发展中国家二元经济结构决定了城乡收入差距较大，导致了农村剩余劳动力不断地流入城市，造成城市劳动力市场供需结构严重失衡，失业风险越来越大。陈君武（2009）认为，在当前城镇就业矛盾突出的背景下，农村剩余劳动力大规模的转移，农村隐性失业问题转变为城市显性失业问题，将会产生城市就业矛盾更加突出的风险。同时，陈君武（2009）认为，农村人口的转移，不仅使农村社会治安防范力量减弱，而且导致城市治安隐患增加的风险。

4.1.3 土地集约化经营过程中产生的风险

提高土地利用率，实现土地规模化、集约化经营的重要方式就是土地流转。但是在传统的体制下容易产生如下风险。

（1）资源配置效率损耗风险。方文（2011）认为，通过土地流转实现规模经营进而提高土地效率，三者之间存在一定的外在约束性条件，因此在不同时期，土地效率与规模经营之间的相关性有着方向上的变异性。虽然当前我国农村土地流转在促进农业产业结构调整、增加农民收入等方面取得了显著成效，但也存在有效供给不足使资源市场配置效率损耗的风险。中国农村土地制度研究课题组（2006）认为，在完全竞争性市场环境下，土地流转自由能自动实现资源优化配置。在承包制下，由于农户使用权的不可剥夺性，采用任何方式都不会影响农户的使用权份额，由此，市场供需失衡将导致资源配置效率损耗的风险。另外，钱忠好（2003）认为，作为土地市场流转机制的替代，土地的行政性强制调整导致土地交易价格偏低。当行政性强制调整替代市场流转机制并变成正式制度安排时，产生市场流转机制根本不能发挥作用的风险。

（2）经济风险。土地对农民的社会保障功能[①]，主要有基本生活保障、就业机会、增值等作用。Kung（1994）、Dong（1996）等认为，中国农村人口众多，土地资源禀赋极其稀缺。对于仍处于温饱线上的大部分农民而言，土地均分就成为农民克服生存压力的一个现实选择，均等占有并尽可能多地拥有土地资源是一种最有效的社会保障。李红波等（2011）通过对云南省18个县市区和1个镇的调查发现，土地多为被动流转，经营效果不佳，流转收益少。另

[①]　社会保障功能的缺失使我国农村的人地关系符合 Scott 意义上的小农经济。见 Scott, J., *The Moral Economy of the Peasant*（Yale University Press, 1977）。

外转出方农户农地增收不明显，每亩地年收益仅增加 300~600 元。

（3）社会风险。农业生产过程中面临的自然风险、市场风险、技术风险、政策风险等，决定了农业产业发展风险大，土地流转主体双方利益难以保障，将造成新的社会风险。李红波等（2011）通过对云南省 18 个县市区和 1 个镇的调查发现，公司承租土地后改变土地用途，大规模种植能快速创收的经济作物，加速了毁林种胶和耕地种胶，引发生态恶化和土地退化的风险。

4.2　二元经济一元化过程中财政职能定位

4.2.1　城镇化过程中的财政职能定位

公共财政具有资源配置、收入再分配和经济稳定三大职能。资源配置主要是解决效率问题。市场机制是实现资源配置效率的制度安排，但它只能解决私人商品的资源配置效率问题，面对公共商品的资源配置是没有效率的，因此需要政府代表社会进行有效的资源配置。收入再分配是解决公平问题。市场经济形成的收入分配状态是否公平取决于初始产权是否公平（吴俊培，2009）。面对初始产权配置的不公平以及制度的不公平等问题，市场是无效的。因此，政府的收入再分配职能应该是尽可能改善产权的初始状况和尽可能改善收入分配差异程度。经济稳定是解决稳定问题。对于市场机制的制度安排而言，经济稳定发展是建立在一系列苛刻的假设前提下的。显然，这样的条件不可能被充分满足，因此必须要求政府执行经济稳定的职能。而稳定经济包括对经济增长率（渐进式增长）、总失业率、物价总水平等的控制。

城镇产业空洞化属于资源配置职能范畴，需要政府遵循城镇发展客观规律，结合当地资源相对优势，找准本地特色及优势产业，积极引导本辖区产业布局，依托大城市，依靠中小城市，促进大中小城市的协调发展。通过产业和区域之间的协调配合，引导不同地域之间城镇的产业合理分工。

通货膨胀风险属于政府经济稳定的职能范畴。虽然货币主义者认为，在任何时候通货膨胀都属于货币现象，因此应主要通过货币政策发挥作用，治理通货膨胀。但是从目前通货膨胀的类型来分析，面对成本推动和输入型通货膨胀，基于需求调节的货币政策显然无能为力。抑制通货膨胀，在货币政策进退两难的时候，尤其是在调节市场供给方面，财政政策具有货币政策不可比拟的优势，需要财政政策和货币政策以及产业政策的搭配使用，可以有效治理通货膨胀。

城市贫民窟属于收入再分配职能范畴，需要建立尊重财产权、保护居民权益、合理补偿的拆迁制度，保护弱势群体的利益；改革征地制度，建立土地自由流转的统一市场，探索集体土地直接进入一级市场，促进农村土地的流转，提高土地边际生产率，允许农村"小产权房"合法化；加强政府调控，为进城农民工及城市贫困人口等弱势群体提供更多的社会权利享有权，建立公共服务普惠制度，尤其是以廉租房建设为重点合理布局建设好低收入者社区，鼓励农村人口向中小城市和小城镇转移。

对于城镇化过程中的生态环境恶化，市场在资源配置过程中是无能为力的。它必须要有一套科学合理的制度安排，包括财政收入和财政支出的制度安排。通过财政收入和财政支出的制度安排，合理配置资源，减少资源的浪费和污染。

对于城镇化过程中的群发性事件，如拆迁问题引起的群发性事件，大多是因为拆迁补偿的标准不合理，而这又属于制度安排的不公平所引致，自然属于政府收入再分配问题。

城镇化过程中引发的伦理道德风险，将误导人们在市场竞争过程中通过不当手段获取经济利益，从而扭曲市场的资源配置和收入分配，这自然属于政府的资源配置和收入再分配职能。政府在防范这些风险的过程中，自然需要通过财政收入和财政支出履行。

因此，城镇化过程中产生的各类风险以及这些风险转化为财政风险的逻辑关系，主要是因为财政职能的实现而疏通。因此，各类风险的财政"兜底"问题，自然是明确的。

4.2.2　劳动力转移过程中的财政职能定位

农村劳动力向城镇转移的现象是合乎经济规律的社会关系调整。首先，如果把农村劳动力视为一种生产要素，那么农村劳动力转移就体现了资源在农业和城市产业之间配置的帕累托改善。根据"配第－克拉克定理"，由于不同产业间的收入弹性差异和投资报酬差异，随着经济的发展以及人均国民收入水平的提高，第一产业国民收入和劳动力的相对比重逐渐下降，第二产业国民收入和劳动力的相对比重上升；随着经济的进一步发展，第三产业国民收入和劳动力的相对比重也开始上升。理论上，这是因为城市产业相对农业更具劳动生产率上的优势，在城市产业上，劳动分工更加细化，为劳动力创造更多的剩余价值创造了基础。Lewis（1954）提出"二元经济结构"的理论，认为发展中国家存在两个部门的经济，即资本主义部门和自给农业部门。在两个部门中，自给农业部门的劳动力比重大，但劳动生产率为零，而资本主义部门的生产率较高，因此会形成不同部门的工资差异，从而导致劳动力从自给农业部门流向资本主义部门。从我国实际情况来看，改革开放后，大量国内外资本流入城市产业，特别是制造业部门，这就需要相应的劳动力与资本匹配。制造业多集中在沿海地区和城市，而农村和欠发达地区相对而言以农业为主或者产业单一，因此劳动力满足本地需要后，仍然有所富余，就自然会流入以制造业为主的城市产业。其次，如果把农村劳动力视为一般居民，那么农村劳动力转移就反映出了农村生活和城市生活之间关系的自然变化。在传统社会中，农村地区居民的主要生活来源是自给自足的农业生产物，这就是说，农村的产业体系能为农民提供便利的生活条件。在专业化分工的背景下，农业生产物通过交换才能换取更多的生活必需品，以及农村产业不再能为农民提供全部的生活必需品。越来越多的农村剩余劳动力开始依靠城市产业生活，其生活重心也随之从农村往城市转移。在城市能为依靠城市产业生活的农村劳动力提供更加便利的生活条件，随着其收入的提高，城市所具备的更加完善的基础设施和公共服务体系对其也会更加具有吸引力，所以越来越多的年轻农村劳动力开始选择把城市作为自己的定居地点。

农村劳动力转移导致资源配置效率和收入分配状况的改善，缓解了封闭经济下潜在的社会风险。但是，在农村劳动力向城市转移的过程中，如果户籍、公共服务供给等相关制度无法跟上社会关系的自然发展，就会形成制度摩擦。在这种制度摩擦下，社会关系的发展受到制度的制约而扭曲，从而导致社会矛盾的形成，衍生出社会风险。比如，在城市的劳动力市场中存在实质的歧视。农村劳动力和城市劳动力无法得到相同的工作机会。农村劳动力总是承担脏、累、险的工种，而工资水平并没有包含这些"不愉快"；再如户籍制度阻碍农村劳动力获得和城市居民相应的公共服务，城市仅仅成为他们的工作地点。为了获得工作机会，他们不得不把父母、子女留在农村，其工作之余的生活并不完整。这种现象被称为"候鸟式"的转移。

在我国市场体制不完善的背景下，私人经济内部消化社会矛盾的能力有限，从而政府不得不动用公共资源并通过财税政策对其进行化解，以维护社会"公正正义"的实现。因此，农村劳动力转移过程中所衍生的一部分社会风险转嫁到财政部门。

所以，在农村劳动力向城镇转移的过程中所存在的财政风险是正反两方面共同作用的结果，农村劳动力转移的自然过程降低了财政风险，而制度落后以至于不能和这一自然趋势匹配增加了财政风险。

4.3 土地集约化经营的财政职能定位

农村土地流转是在土地承包期内拥有土地承包经营权的农民有条件地将土地经营权转移给其他农民或经济组织。土地的流转是农业生产要素尤其是农村土地资源实行市场配置的需要，使土地按照市场规律的要求，同其他生产要素优化组合，推动农村改革向纵深发展。一是推进土地流转和规模经营与农业产业结构调整结合起来，加大农业主导产业基地建设。二是加大土地流转和集约化经营的政策支持力度，促进土地流转和集约化经营。三是大力发展农村第二、第三产业，着力培育农村劳动力市场，为农村土地流转和规模经营创造条件。

对于流入方而言，农业开发面临市场和自然双重风险，面对这两类风险，市场机制是失灵的，需要政府发挥其资源配置职能。因此，政府在土地集约化经营过程中，行之有效的办法就是提供公共服务，主要包括以下三个方面。一是推进土地流转和规模经营与土地整理和综合开发，使土地整理和开发作为土地集约化经营的一项基础性工作。加大农业基础设施建设，积极推进标准农田建设，为土地流转、规模开发创造条件，使流转的土地集中连片、规模开发、集约经营，发挥规模经营作用，产生规模经营效应。二是建立土地规模经营的激励机制。对于按当地产业布局规划，成片集中从事土地规模经营的，政府给予适当补助，在项目安排上给予优惠，鼓励对土地加大投入力度。三是加大农业保险补贴范围和补贴力度，保证流入方和流出方在灾年都能有一个最低收入保障。同时还可以对保险公司实行再保险，提高应对特大自然灾害的能力，形成一种"利益共享、风险通过保险分担"的利益共同体。

对于流出方而言，农地在一定程度上具有极大的保障功能，保证相对处于弱势的农民能够享有最基本生存的基础。如果农民土地流转出去之后，在社会保障与就业状况不能满足农民的生存与发展需求时，过度的土地流转集中必然会对农民生存权造成损害，将导致巨大的社会风险。因此，一是需要政府加强对土地流转市场的培育和监督，保证农户流转土地能够得到的合理补偿，防止农民因土地流转出去后而陷入困境。二是建立健全农村社会保障体系，进一步完善农村社会保障制度。三是加强农村劳动力转移的各项服务工作，着力培育农村劳动力市场，积极开展农民素质培训工程，维护农民工的合法权益，大力发展劳务经济，有组织地输出劳动力资源，加快农村剩余劳动力向非农产业转移，加快土地流转，保障土地的保障功能，为农村土地流转和集约化经营创造有利条件。

4.4　化解财政风险的方式

4.4.1　地方债务融资

城镇化建设，自然涉及大量基础设施建设。这就涉及"钱"从哪里来的问题？如果仅依靠财政资金无法满足城镇化建设中的巨大资金需求。但是在现实中，财政资金一直是城镇化过程中基础设施建设的重要资金来源。但是对于地方政府，特别是对于基层政府而言，其财力薄弱，制约了城镇化建设。虽然自20世纪90年代以来，地方政府考虑到这种实际情况，不断改革投融资机制，创新投融资方式，拓宽投融资渠道，大力引导社会资金进入城镇化基础设施建设，但与迅速扩大的城镇规模和资金需求相比，城镇化基础设施建设和城镇承载能力明显滞后。以至于很多地方出现污染加剧、交通拥堵等一系列城市病的现象。

根据经验数据，城镇每建设1平方公里，需要至少2.5亿元的基础设施和公共服务设施的投入；城镇化率每提高1个百分点，需要增加4.1个百分点的资金投入；每增加1个城镇人口，需要增加

6万元基础设施的投入（叶裕民、黄壬侠，2004）。因此各地在满足城镇化建设资金需求的时候，大多通过融资这第三个"口袋"，即政府债务融资。由于制度的不完善，特别是在事权不断下移、财权不断上移的情况下，很多地方政府通过融资平台所筹集的资金，一方面确实投入城市基础设施建设中，但另一方面也成了部分地方挪用的来源。因此，如何控制和防范债务融资风险，对财政体制提出的重要挑战。随着城镇化的推进，我国地方政府债务风险持续在增加，一个很重要的原因在于，从微观的角度来考虑债务融资风险的控制。就全国整体而言，宏观上还缺乏完善的地方政府债务管理方式并形成一个清晰的思路。因此，在城镇化过程中，不仅需要微观的经济判断，而且需要宏观的通判考察。如果忽视宏观方面的债务融资管理顶层设计，必将对国民经济可持续发展产生严重的消极影响。

地方债务融资风险的产生，与中央和地方政府间事权、财权的划分以及财力保障密切相关。因此，地方债务融资风险的控制还需从这方面着手。如果财权的划分以事权的划分为基础，并充分考虑地方政府在提供公共服务过程中的外溢性问题，建立一种谁负责、谁受益的长效机制，地方的债务融资风险将能够在很大程度上得到避免。但是目前尚未真正建立一种符合市场需要的财政体制，在财权上移、事权下移的局面并未改变的情况下，地方政府尤其是基层政府债务融资的压力显得尤为突出，风险控制难的局面将无法扭转。因此，债务融资风险的控制是一个从全局的、系统的设计问题，不能孤立地就债务论债务，不能仅从账面表现出来的现存债务去考虑，而要充分认识风险控制背后的责任分担问题，并对财政体制做相应的调整。

4.4.2 成本、收益与风险分享共担

城镇化，自然涉及成本、收益、风险，以及成本、收益与风险共担的问题。在成本和收益方面，城镇化促进经济增长并带动财政收入增加、土地增值。

在收益上，城镇化带动经济增长，进而带动财政收入增加，而且这种收益将是十分巨大的。在成本方面，为获取这些巨大的经济收益，必须有大量的成本投入。在成本、收益与风险共担方面，除了中央与地方政府之间的纵向分享与共担，还包括政府、居民、企业、社会等多方利益主体在横向上的分享与共担。另外，对于风险分担问题，前面已经分析了城镇化过程中将产生各类风险。这些风险的防范，政府需要履行其应承担的职责。一旦财力不够难以执行到位，致使效果大打折扣，利益主体的利益受到损害，将会产生利益主体不满的风险。如果勉强为之，在目前的财政制度安排下，地方政府只能通过举债融资，则会带来财政风险。在现行的财政体制下，显然缺乏这种制度安排，财政风险发生的概率明显很高。例如，在城镇化过程中，地方政府在基础设施方面投入了大量的财力，导致房地产等明显增值，而我国暂未开征房地产税，导致地方政府对于这种收益的贡献缺乏一种良性机制，进而增加了公共财政风险。

5　城镇化过程中的财政风险研究

城镇化是从传统社会向现代文明社会的全面转型和变迁，这一转型和变迁是一个以人为中心的、受众多因素影响的、极其复杂多变的系统转化过程。它包括地域、人口、经济活动以及生活方式四个方面。它的核心和根本目的在于城乡协调发展。在我国过去几十年的城镇化进程中，城乡分割的二元政策体系以及过于追求城市规模、盲目扩张，导致土地城镇化快于人口城镇化、城镇化滞后于工业化、城镇社会安全网的缺位以及高耗能、高污染等一系列问题的涌现。当前新型城镇化的目的，就是要改变这一格局，使我国的城镇化成为以城乡统筹、和谐发展为基本特征的城镇化。

新型城镇化建设，必然涉及产业发展、结构调整和优化、大量基础设施建设，因此新型城镇化建设，离不开资本的介入。资本市场作为一种优化资源配置的方式，具有无可替代的功能。在政府资本有限的情况下，自然就涉及多元化融资模式问题。目前，在我国城镇化建设过程中，理论上的几种主要融资方式正面临着融资"瓶颈"。因此，需要创新多元化融资模式。新型城镇化的推进，伴随着大规模的产业结构调整和优化。而产业结构的调整和优化，实际上是部门间各类生产要素的流动和重新优化配置。恰好资本市场能够从制度上和技术上有效解决生产要素流动及重新优化配置过程中的技术困难。

5.1　城镇化发展的一般规律

城镇化是社会生产力发展到一定程度的经济社会现象，是一个自然的历史过程。它的出现，不以人的意志为转移，这是城镇化发展的基本规律。

5.1.1　以生产要素和产业聚集为支撑

城镇化战略目标是通过加大城市基础设施建设，完善城镇功能，增强城镇的经济活力，吸收和消化农村剩余劳动力，提高农村劳动力边际产量，改善农村经济结构，推动农村经济社会现代化。要达到这一目标，必须依赖于产业发展。产业发展以生产要素聚集为前提，通过生产要素的聚集带动城镇化发展。生产要素的聚集过程，也是产业发展的过程。通过产业的发展壮大，加快农村经济结构现代化转型。由此可见，一个缺乏生产要素和产业聚集的城镇，必然是一个功能不健全、没有经济发展原动力、经济基础十分脆弱的城镇。可见产业发展对经济支撑的作用。因此，当前的城镇化必须立足于产业发展，通过增强城镇经济社会实力，使城镇走向功能完善，能够自我积累和可持续发展的道路。最终，通过不断加强城镇化的发展，形成对农村的辐射。

5.1.2　市场化是城镇化的制度前提

在当前金融市场不完善的背景下，金融体系明显存在"二元"

状态。即一方面是存在于农村并基本上服务于农村经济主体的，由规模较小的农村商业银行和农村信用合作社构成的金融市场；另一方面是存在于城市的现代发达银行并主要服务于城市经济体，由规模较大的国有商业银行、外资银行以及其他商业银行、保险机构和证券网络系统组成的金融市场。从城市和农村的金融发展角度进行审视，二者之间无论是从金融制度，还是从金融结构以及金融总量来看都存在巨大的差距。① 因此，只有建立一个资本要素能够自由流动的市场机制，才能促进城乡经济融合发展。没有一个全国统一、开放、竞争、有序的大市场，城镇化只能是纸上谈兵。

因此，城镇化要求各区域必须打破条块垄断和市场分割的局面，消除各种限制资本要素自由流动的制度性约束，实现国内外开放，建立公平、完全、竞争的统一市场。只有充分发挥市场机制这只"无形的手"，才能加快城镇化发展。

5.1.3　大城市的发展以城镇化为依托

城镇化的作用在于，通过城镇化，促进各种生产资源的优化配置，带动城乡融合，提高城乡经济运行效率。大城市的工业化程度较高，市场容量大，能形成聚集经济。因此，城镇化需要依托大城市、依靠中小城市，并在一定区域形成大城市为主体的聚集区。而大城市对区域经济发展辐射力是依托中小城市和一般小城镇发展而

---

① 韩正清等（2010）实证分析了中国金融二元结构与城乡二元结构之间存在互为 Granger 因果的关系，城乡金融二元结构对城乡二元经济结构的解释力随着时间的推移逐渐加强，城乡二元经济结构对城乡金融二元结构有固化的影响。详见韩正清、王燕、王千六《城乡金融二元结构理论关系与实证分析》，《财经问题研究》2010 年第 2 期。

形成的城镇群关联范围的大小和关联强度。反观我国二元经济结构，单靠大城市是不够的，必须将大城市、小城镇建设通盘考虑，建立起若干不同层次的网络体系。

5.1.4　政府的有效调控是城镇化的有力保障

国外城镇化发展的经验表明，由于市场机制在一些领域存在"市场失灵"，决定了在城镇化过程中出现的一些问题，市场机制无法完全有效解决，需要政府发挥难以替代的作用。主要包括城镇化过程中的统筹、规划、指导等。特别是在提升产业发展层次、优化产业结构布局、提升产业发展综合竞争力等方面，具有市场机制不具备的功能；解决粮食安全、耕地保护与农民富裕；建立城乡一体化的公共服务体系，促进城乡协调发展。

5.1.5　消费是城镇化的动力

根据马克思主义的基本理论，社会生产总过程包含生产、分配、交换、消费四个环节。这四个环节的辩证关系是，社会生产的最终目的就是消费，消费对生产具有反作用；消费为生产的发展创造出动力；只有消费，才能使生产出来的产品最终得到实现，反之，则阻碍生产力的发展。因此，没有市场的消费，就没有产业发展，也就没有城镇化的顺利推进。

5.2　城镇化现状

5.2.1　城镇化发展阶段

改革开放以来，伴随着工业化进程加速，我国城镇化经历了一个起点低、速度快的发展过程。1978～2015 年，城镇常住人口从 1.7 亿人增加到 7.7 亿人，城镇化率从 17.92% 提升到 56.10%（见图 5 - 1）；建制镇数量从 2173 个增加到 20515 个。其中，京津冀、长江三角洲、珠江三角洲三大城市群，2014 年以 2.8% 的国土面积集聚了 18% 的人口，创造了 36% 的国内生产总值，成为带动我国经济快速增长和参与国际经济合作与竞争的主要平台。①

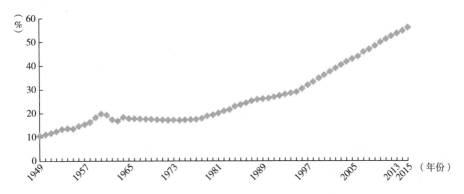

图 5 - 1　1949～2015 年中国城镇化率变化趋势

资料来源：历年《中国统计年鉴》以及《新中国五十年统计资料汇编（1949～1999）》。

按照新中国成立以来中国城镇化的发展轨迹，城镇化历程先后经历了 1949～1957 年的稳定阶段、1957～1978 年的不稳定阶段、1978～1995 年的快速发展阶段以及从 1995 年至今的全面快速发展四个阶段。

（1）1949～1957 年，城镇化处于稳定发展阶段。党中央在七届二中全会上明确提出工作重心由乡村转移到城市。同时，提出使

---

① 数据来源：文魁等主编《京津冀蓝皮书：京津冀发展报告（2014）》，社会科学文献出版社，2014。

中国由农业国转变为工业国的发展方向，并指出城市工作以生产建设为中心。根据这一指导思想，国家采取工农业价格"剪刀差"和农产品统购统销模式，将农业剩余人为地转移到工业部门，实行农业哺育工业，促使城镇化进入了一个黄金发展时期，主要表现在经济发展与城镇化同步进行和城镇发展得到了初步规范。

（2）1957～1978 年，城镇化处于不稳定发展阶段。在这一时期，国家对经济发展形势估计过于乐观，出现了极"左"的思想，导致各地在经济建设中，出现了盲目追求高速度、急于求成的倾向。国家战略层面出现了方向性错误，使得国家经济萎缩，工农业生产停滞不前，城镇化进程处于停滞状态。

（3）1978～1995 年，城镇化处于快速发展阶段。以党的十一届三中全会为转折点，中国城镇化由曲折发展转为快速全面发展阶段。在这一阶段，市场经济体制得到初步建立和完善，城镇化全面展开。

（4）从 1995 年至今，城镇化处于全面快速发展阶段。1996年我国城市人口为 37304 万人，占总人口的比重为 30.48%。在这个阶段，城市人口比重每年以至少 1 个百分点的增长速度呈加快发展态势。到 2011 年，我国城市人口首次超过农村人口，城市人口占总人口的比重达到 51.27%。截至 2015 年，我国城市人口占总人口的比重已达 56.1%。在此过程中，城市水、电、路、气、信息网络等基础设施显著改善，教育、医疗、文化体育、社会保障等公共服务水平明显提高，人均住宅、公园绿地面积大幅增加。城镇化的快速推进，吸纳了大量农村劳动力转移就业，提高了城乡生产要素配置效率，推动了国民经济持续快速发展，带来了社会结构深刻变革，促进了城乡居民生活水平全面提升，取得的成就举世瞩目。

5.2.2 城镇化存在的问题①

在城镇化快速发展的过程中，城镇化也存在一些问题，主要表现在以下几个方面。

一是"土地城镇化"快于人口城镇化，建设用地粗放低效。一些城市"摊大饼"式扩张，过分追求宽马路、大广场，新城新区、开发区和工业园区占地过大，建成区人口密度偏低。一些地方过度依赖土地出让收入和土地抵押融资推进城镇建设，加剧了土地粗放利用，浪费了大量耕地资源，威胁到国家粮食安全和生态安全，也加大了地方政府性债务等财政金融风险。

二是城镇空间分布和规模结构不合理，与资源环境承载能力不匹配。东部一些城镇密集地区资源环境约束趋紧，中西部资源环境承载能力较强地区的城镇化潜力有待挖掘；城市群布局不尽合理，城市群内部分工协作不够、集群效率不高；部分特大城市主城区人口压力偏大，与综合承载能力之间的矛盾加剧；中小城市集聚产业和人口不足，潜力没有得到充分发挥；小城镇数量多、规模小、服务功能弱，这些都增加了经济社会和生态环境成本。

三是城市管理服务水平不高，"城市病"问题日益突出。一些城市空间无序开发、人口过度集聚，重经济发展、轻环境保护，重城市建设、轻管理服务，交通拥堵问题严重，公共安全事件频发，

---

① 详见《国家新型城镇化规划（2014—2020 年）》。

城市污水和垃圾处理能力不足，大气、水、土壤等环境污染加剧，城市管理运行效率不高，公共服务供给能力不足，城中村和城乡结合部等外来人口集聚区人居环境较差。

四是自然历史文化遗产保护不力，城乡建设缺乏特色。一些城市景观结构与所处区域的自然地理特征不协调，部分城市贪大求洋、照搬照抄，脱离实际建设国际大都市，"建设性"破坏不断蔓延，城市的自然和文化个性被破坏。一些农村地区大拆大建，照搬城市小区模式建设新农村，简单用城市元素与风格取代传统民居和田园风光，导致乡土特色和民俗文化流失。

五是体制机制不健全，阻碍了城镇化健康发展。现行城乡分割的户籍管理、土地管理、社会保障制度，以及财税金融、行政管理等制度，固化着已经形成的城乡利益失衡格局，制约着农业转移人口市民化，阻碍着城乡发展一体化。

5.3 城镇化过程中的风险类型

城镇化是一种自然的发展过程，但自然并不意味着是一种自发。这一自然的发展过程，需要在一定的制度环境下才能顺利进行。所谓制度就是一种规则，这些规则涉及政治、经济和社会行为（Thodore，1991）。这种制度包括政治、经济、社会、文化等各种行为规则。在不同的制度安排下，城镇化带来的风险是不同的，主要表现在以下几个方面。

5.3.1 经济风险

在我国现有的经济体制背景下，城镇化过程中产生的经济风险有如下三个方面。

5.3.1.1 公共债务风险

城镇化建设,自然涉及大量基础设施建设,巨额的资金如何筹集?这就面临"钱"从哪里来的问题,它主要容易产生三个风险。一是基础建设资金数额庞大,自然产生财政支出风险。特别是在权责时空分离背景下,容易导致地方政府"摊大饼"式的盲目建设,财政支出风险尤为突出。二是在税收收入增长有限及《国家预算管理条例》堵塞了地方政府发行地方公债的情况下,一些地方过度依赖土地出让收入和土地抵押融资推进城镇建设,也加大了地方政府性债务等财政风险。三是在财权上移、事权下移的背景下,地方财政收入增长主要靠增值税(吴俊培、张斌,2012),而增值税的增长则需要扩大投资,但资本是有限的。各地都要扩大投资,于是各地在竞争中较为简单易行的办法就是招商引资实行优惠政策。地方政府招商引资的主要能力是税收优惠。在当前未将税收支出纳入预算的背景下,不少地方政府通过税收优惠的方式,将长远的财政收入作为代价,吸引投资,容易产生地方政府预期收入不确定的风险。虽然2014年国家出台了《中华人民共和国预算法(2014年修正)》,但是庞大的公共债务在短期内也难以化解。

5.3.1.2 通货膨胀风险

从供给来看,在城镇化建设过程中,一是由于工业和城镇化发展,需求旺盛,拉动原油、原材料等初级产品价格的上涨。这些生产资料价格的上涨,向下传导到农业生产资料,进而引起粮食生产的物质生产资料价格的显著上涨,包括农用工具、农用机油、农药、化学肥料、饲料以及相关服务。二是第一产业比较效益下降,农村剩余劳动力流入非农产业就业。留在农村的劳动力减少，家庭用工折价和农业雇工费用上升，农业人工成本大幅上升。三是迅速增长的用地需求及耕地面积的急剧减少，工业用地价格大幅攀升，带动农村土地价格迅速上涨。[①] 从需求来看，城镇化是一个要素重新配置、从低效率部门向高效率部门转移的过程，也是一个收入提高的过程。当政府、企业主以及消费者的总支出超过总供给时，出现需求拉动型通货膨胀风险。

进入 21 世纪以来，中国人口与土地的矛盾进入拐点，单产增长率呈停滞状态。城镇化挤占耕地仍在持续，收入的增长也不断提高食品消费水平，导致食品供求缺口被持续拉大。食品需求带动的物价压力在长期内不是趋于缓和，而是趋于严重，通胀也就会长期化（王健，2008）。

5.3.1.3 城镇产业空洞化风险

正如官本惠史所言，最恰当的产业结构，都是以自由竞争决定价格为核心的市场机制形成的。当市场机制对资源流动的调节存在一定程度的局限性时，将制约城镇化的顺利推进。当前我国在城镇化过程中，一些地方政府采取盲目的城镇化，或者强制地、粗暴地将农村户籍转变为城镇户籍，一味地加大基础设施建设，忽视城乡三次产业的协调发展。另外，有一部分地区依靠当地特色资源建立了资源型城市，这类资源型城市具有典型的产业结构单一、企业所有制结构单一和城市功能不完善的特点。这类城市产业结构层次较

---

① 陈功、李辉、张巍柏（2008）通过建立耕地面积缩减率与 CPI 关系的统计模型，实证得出耕地面积每减少 1 个百分点，将使通货膨胀率上升 1.37 个百分点，得出耕地面积的减少与 CPI 的高幅度蹿升有显著相关性的结论。

低，创造就业岗位有限，城市之间距离远，难以形成合理的城镇体系。一旦资源枯竭，这类城市缺乏新的经济增长引擎，经济将很快陷入萧条，人口大量外流。

5.3.2 社会风险

5.3.2.1 城市贫民窟风险

许多地方在城镇化过程中，在城镇空间的快速扩张过程中，利用开发成本相对较低的农地、空地进行城市新区开发，避开或绕过近郊农村居民点，形成具有农村和城市双重特征的二元空间结构和城市景观"城中村"。"城中村"是因户籍、土地、人口等方面影响形成的城乡二元管理体制，是城乡二元经济结构的一个缩影和典型。由于"城中村"没有纳入城市的统一规划、建设和管理，"城中村"在生产方式、生活方式、景观建设等方面仍保留了农村的特征，但在地域上又属于城市。

5.3.2.2 群发性事件风险

新型城镇化，必然会带动城镇基础设施和公共服务投资的扩大。按照城镇化布局，就需要在空间上改变原有布局，从而带来拆迁。因此，必要合理的拆迁是城镇化的一个重要内容。但是，当前许多地方在拆迁过程中，没有按照市场经济规律的公平原则，缺乏有效的或者尚未建立正常合理的利益表达渠道，农民、市民处于不对称的谈判地位，既不能与买方平等协商价格，也不能决定卖与不卖，只能被迫接受价格。政府只是运用垄断性的行政权力和强迫命令的方式，甚至采取暴力手段进行拆迁。在这种买卖双方不对等的机制下，必然会造成老百姓因不满而发生诸多群发性事件，增加交易成本，影响土地和房屋的补偿价格。同时，由于社会改革滞后，公平、正义的机制尚未完善，城镇化过程中产生社会分化不断加剧，从而产生贫富差距继续扩大的风险。另外，对政府有关部门公信力的质疑和社会心理失衡，如果没有得到妥善解决，容易导致社会底层和利益获得者的对立，大大增加偶发事件并诱发大规模冲突的可能性，增加了社会风险的突发性和随机性。

5.3.2.3 生态环境恶化风险

城镇化作为城乡统筹、城乡一体和谐发展的过程，城镇化的发展与实现农业现代化是一个相辅相成、相互促进的关系。城镇化在发展和建设的过程中，必然带来城乡空间的变化，又带来原有的自然景观的变化。换言之，城镇化的不断推进，意味着城镇空间大量公用设施和建筑物的崛起，而城乡空间变化，自然带来各种矿藏资源的重新组合。这些资源的开采，如果没有采取合理有序的方式，必然会造成植被破坏、废弃物污染、水土流失、土地生产力衰退丧失。同时，这些资源在进行加工成品的过程中，会产生大量废弃、废水等，造成各种污染。在处理或者加工回用的过程中，由于成本高、利润低，企业自然不愿从事相应经济活动。因此，治理这些污染自然需要大量资金，如果这些治理污染资金没有得到保障，将使生态环境恶性循环。各类基础设施的建设，会造成大量的植被破坏、土方搬迁、水土流失等生态环境问题。另外，在推动城镇产业发展过程中，由于制度设计上缺乏环境绩效考评，部分地方政府存在短视行为，盲目追求经济发展，忽视对环境的保护，人们的生活环境日益恶化。

5.3.2.4　伦理道德风险

城镇化发展不仅会产生经济风险、社会风险、生态环境恶化风险，而且会产生伦理道德风险。随着媒介技术的不断成熟发展，在城镇化的过程中，城镇文化传入农村，强烈冲击着农村文化。由于教育的速度跟不上经济社会变革的速度，农耕文明在慢慢地发生裂变，传统农村习俗规范和道德伦理出现失范状态，人们的人生观、价值观、社会观发生变化，利益至上的观念不断冲击着人们的理想信念。社会对人生价值的评价体系也在发生变化，进而引发伦理道德危机。道德信念的动摇，使传统的道德约束在人们行为中和社会秩序构建中失去应有的约束，取而代之的是对道德的冷漠，则易产生更大的伦理道德风险。伦理道德的滑坡，将使矛盾更加复杂化，治安管理压力尤为明显。

6 劳动力流动过程中的财政风险研究

农村剩余劳动力转移是现代化进程中必然的社会现象。自1978年党的十一届三中全会起开始实行"对内改革、对外开放"的政策以来，中国选择了工业带动农业的发展战略模式，工业优先决定了城市优先的发展道路，在较短时期内迅速实现了向工业化中期阶段的迈进，同时大量农村劳动力向城市转移。在高成本城镇化以及包括土地低成本、劳动力低成本、基础设施和公用事业欠账条件下的低成本工业化的双重制约下，农村剩余劳动力明显呈现候鸟型转移模式。这种工业化快速发展的原因在于，把工业化的成本向农业、农村、农民转移。在取得巨大成绩的同时，也产生了很大的消极影响，也就是二元经济差距不断扩大。

虽然党的十六届四中全会明确提出和确立了我国现阶段"工业反哺农业"的重要政策取向。但是，受传统体制惯性的影响，我国二元经济差距仍持续扩大。这种不公平和资源使用效率不断加剧的二元结构，已经严重影响到我国经济的可持续发展。特别是在"外需拉动"型发展模式亟待向"内需拉动"型发展模式转变的背景下，二元经济向一元化过程的演变，显得尤为重要。

6.1 农业剩余劳动力流动的现状

我国人多地少，由于农业劳动生产率的提高、单位面积土地需要的劳动力不断减少，以及人口流动方面政策安排的影响，农村积压了大量的剩余劳动力，无法就地消化。这些剩余劳动力大量流向城市，不是偶然的社会现象，是内因和外因综合作用的结果。内因表现为：随着农业劳动生产率的不断提高，单位面积土地所需劳动力减少，农业剩余劳动力数量不断增加；农村产业结构不尽合理，剩余劳动力就地转移缺乏吸引力；相对于非农产业而言，农业比较利益下降，农民在第一产业从事生产的积极性受到抑制。外因表现为：地区间、城乡间的经济发展水平和居民收入水平的巨大差异，相对于农村而言，城市有着更高的收入，同时非农产业快速发展对劳动力的需求不断增加，对农村剩余劳动力产生强大的吸引力。另外，改革开放创造的宽松政策环境以及农民观念的转变，促使大量农村剩余劳动力流入城市。

6.1.1 国内关于中国农业剩余劳动力规模测算研究的简要综述

对于中国农村剩余劳动力规模的测算，比较有代表性的是陈先运（2004）和侯风云（2004）的研究。国内其他学者也基本上遵循两位学者的思路展开了大量的相关研究（吴秀敏等，2004；李勋来、李国平，2005；谭砚文等，2005）。

陈先运与侯风云两位学者的研究思路不尽相同。陈先运

（2004）首先总结了农村剩余劳动力的四种类型。第一，积累型剩余。这种剩余由农村劳动力的自然增长超过正常需求，以及因耕地面积逐渐减少引起的对农村劳动力吸纳能力下降两个方面造成。第二，效益型剩余。即由技术创新与制度变革所引起的生产效率提高所产生的剩余。第三，结构型剩余。由城乡二元结构与产业结构不合理所引起的农业劳动力无法自由转移产生的剩余。第四，季节型剩余。当然，在实际测算过程中，很难将上述四种类型的剩余分开。因此陈先运（2004）主要从农村耕地面积和乡村劳动力两个方面搜集资料，按照统计学的基本特征测算山东省农村剩余劳动力数量。

相比而言，侯风云的研究更加符合传统经济学的理论研究思路。侯风云（2004）列举了五种界定农村剩余劳动力的标准。第一，边际生产率标准。该标准由 Lewis（1954）首先提出，其观点是当农业劳动的边际生产率很小、为零或者为负的情况下，农村就会产生剩余劳动力。第二，"农业剩余"标准。Jorgensen（1961）提出二元经济发展论，并认为农产品剩余是农村劳动力剩余的基础，当人均粮食供给率大于最大人口增长率时，就会产生农业剩余，从而使农业劳动力开始向工业部门转移。也就是说，农村劳动力剩余是由人口增长和消费结构变化引起的。第三，地劳比例标准。郭熙保（1995）认为，不论劳动的边际生产率是高是低或者为零，只要农业劳动力人数增加得比耕地面积更快，使劳均耕地面积下降，农业剩余劳动力就仍然存在。第四，有效工时标准。何景熙（1999）将农村劳动力充分就业的标准有效工时数设定为 $8 \times 250 = 2000$ 小时/（人·年）。这样，低于这个标准的农村劳动力就被视为不充分就业。第五，城乡预期收入差异和城市就业概率标准。托达罗（1992）提出农村劳动力向城市实际转移量的模型，并认为，农村劳动力向工业部门转移的决定因素是城乡经济结构差异以及迁移者对迁移成本和效益的权衡，其动力是城市预期收入水平更高和城市的就业概率更大。

6.1.2 农业劳动力剩余测算结果

由于受到多重因素的制约，正确计算或者统计一个地区农村剩余劳动力的数量相当困难。为了计算的简便，本书采用了中国社会科学院和中国农业科学院提出的估算方法（高双，2010），即：

$$农业剩余劳动力 = 农业从业人员数 - 农业增加值 \div (国内生产总值 \div$$
$$社会劳动者人数) \qquad (6-1)$$

$$农业剩余劳动力数 = 农业从业人数 - (农业增加值 \div$$
$$国内生产总值) \times 社会劳动者人数 \qquad (6-2)$$

$$农业剩余劳动力数 = 农业从业人数 - 农业增加值占国内$$
$$生产总值的比例 \times 社会劳动者人数 \qquad (6-3)$$

该计算方法认为，农业劳动生产率应该大体与社会平均劳动生产率水平一致。如果农业劳动生产率低于社会平均劳动生产率时，则存在农业剩余劳动力。

从表6-1和图6-1中我们可以发现，1978~2015年中国农业剩余劳动力明显呈现五个阶段：1978~1984年的平稳阶段、1984~1993年的快速发展阶段、1993~1996年的持续下降阶段、1996~2003年的快速发展阶段以及2003年至今的持续下降阶段。

表6-1 1978~2015年中国农业剩余劳动力状况

单位：万人，%

指　标	1978年	1979年	1980年	1981年	1982年	1983年	1984年	1985年	1986年	1987年	1988年	1989年	1990年
农业劳动力总数	28318	28634	29122	29777	30859	31151	30868	31130	31254	31663	32249	33225	38914
农业增加值占GDP比重	28.19	31.27	30.17	31.88	33.39	33.18	32.13	28.44	27.14	26.81	25.7	25.1	27.12
社会劳动者人数	40152	41024	42361	43725	45295	46436	48197	49873	51282	52783	54334	55329	64749
农业剩余劳动力	16999	15806	16342	15837	15735	15744	15382	16946	17336	17512	18285	19337	21354

指　标	1991年	1992年	1993年	1994年	1995年	1996年	1997年	1998年	1999年	2000年	2001年	2002年	2003年
农业劳动力总数	39098	38699	37680	36628	35530	34820	34840	35177	35768	36043	36399	36640	36204
农业增加值占GDP比重	24.53	21.79	19.71	19.86	19.96	19.69	18.29	17.56	16.47	15.06	14.39	13.74	12.8
社会劳动者人数	65491	66152	66808	67455	68065	68950	69820	70637	71394	72085	72797	73280	73736
农业剩余劳动力	23033	24284	24512	23231	21944	21244	22070	22773	24009	25186	25923	26571	26766

续表

指标	2004 年	2005 年	2006 年	2007 年	2008 年	2009 年	2010 年	2011 年	2012 年	2013 年	2014 年	2015 年
农业劳动力总数	34830	33442	31941	30731	29923	28890	27931	26594	25773	24171	22790	21919
农业增加值占 GDP 比重	13.39	12.12	11.11	10.77	10.73	10.33	10.1	10.04	10.025	10.01	9.16	8.99
社会劳动者人数	74264	74647	74978	75321	75564	75828	76105	76420	76704	76977	77253	77451
农业剩余劳动力	24886	24395	23611	22619	21815	21057	20244	18921	18083	16466	15714	14956

注：（1）农业劳动力总数、社会劳动者人数数据来源于历年《中国统计年鉴》；（2）农业增加值占 GDP 比重数据来源于新浪财经网全球宏观经济数据。其中 2012 年数据缺失，本书采用算数平均数插补。

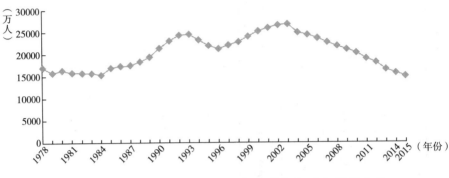

图 6 - 1   1978 ~ 2015 年中国农业剩余劳动力规模变化

6.1.3　农业剩余劳动力流动特征

根据 2010 年第六次全国人口普查数据与 2000 年第五次全国人口普查数据及主要数据公报结果比较分析，2000 ~ 2010 年我国劳动力的流动性明显增强，这种流动性呈现如下特征。

6.1.3.1　地域流向特征

（1）自西向东迁移。根据 2010 年开展的第六次人口普查数据，我国东部地区人口占总常住人口的比重为 37.98%，中部地区人口所占比重为 26.76%，西部地区人口所占比重为 27.04%，东北地区人口所占比重为 8.22%。与 2000 年普查数据相比，除了东部地区人口比重上升了 2.41 个百分点以外，其他三个区域人口比重都在下降。其中，中部地区下降 1.08 个百分点，西部地区下降 1.11 个百分点，东北地区下降 0.22 个百分点。说明我国人口流动依然保持自西向东迁移的态势。

（2）由农村向城市迁移。根据第六次全国人口普查数据，居住在乡村的人口为 6.741 亿人，占全国人口总数的 50.32%；居住在城镇的人口为 6.656 亿人，占全国人口总数的 49.68%。与 2000 年第五次全国人口普查数据相比，乡村人口减少了 1.332 亿人，城镇人口增加了 2.071 亿人。以上数据说明，随着城镇化的不断推进，农村剩余劳动力大量向城市流动。

6.1.3.2 职业分层特征

城镇本地劳动者和外地流动劳动者同样还存在职业分层的特征。由于各类劳动者自身的人力资本状况和保留工资不同等原因，职业选择自然也不同。一般而言，城镇本地劳动者更接近劳动力市场需求，具有信息优势，因此与外来流动劳动者相比，本地劳动者相对集中在政府机关、教育、卫生、体育、金融、房地产等进入门槛较高、收入水平较高、劳动条件较好的政府垄断性部门。由于缺乏这种地域优势、信息优势等，城镇外来劳动者大多集中在制造业、建筑业、餐饮业、服务业、批发零售业和社会服务业等进入门槛较低、收入水平较低、劳动条件较差的岗位。

6.1.3.3 经济收入特征

在失业率上，城镇本地劳动者与外来劳动者存在非常显著的差别。其中，农村流动劳动者的失业率最低，外来劳动者的失业率次之。相反，城镇本地劳动者的失业率高于农村流动劳动者。产生这种现象的原因在于保留工资。所谓保留工资，就是市场工资尚未达到处于劳动力水平之外的人对其边际闲暇单位时间价值的判断，那么部分人宁愿不就业，也不愿意接受这种市场工资水平去工作，即"保留"自己的劳动力。而农村流动劳动者的保留工资要低于城镇本地劳动者。外来劳动者，特别是农村流动劳动者倾向于稳定，除非被动离职，否则会选择就业。而城镇本地劳动者虽然具有接近劳动力市场所需的客观条件，但由于其保留工资相对较高，主动离职率也相对较高，因为他们期望在流动中选择更高薪水的工作。如果工资没有达到其预期，他们宁愿选择失业。

6.1.3.4 时间转移特征

在测算劳动力流动规模的过程中，采用的方法不一样，可能导致测算结果以及劳动力流动的时间阶段出现大同小异的情况。为了能够结合我国出台各项政策的时代特征分析劳动力流动情况，下面将以这些政策和经济特征为依据描述我国劳动力的时间转移特征。

（1）1979~1983 年的缓慢转移阶段。1978 年 12 月召开的党的十一届三中全会，正式确立了"对内改革、对外开放"的方针政策。此次改革开放先从农村开始，通过安徽省凤阳县小岗村的"分田到户，自负盈亏"的家庭联产承包责任制拉开了对内改革的序幕，从而结束了长达 20 多年的高度集中的计划经济体制，开始了向有计划的商品经济体制转变。此次改革，彻底改变了过去以"集体劳动、工分计酬"为特征的大锅饭制度，将农民的生产经营效率与其收入直接挂钩，极大地调动了农民生产的积极性，农业劳动生产率迅速提高。同时，在这种情形下，原计划经济体制下长期隐性化的农业剩余劳动力问题逐渐暴露出来。为此，农村剩余劳动力一方面通过"精耕细作"的方式对农业进行深度开发，从而在一定程度上解决了集体经营方式中农业劳动力利用不充分的问题；另一方面通过鼓励农林牧渔各业的"专业户"等方式对农业进行广度开发，消化了农业剩余劳动力。这样一来，以市场为导向的体制改革，为农民就业渠道的拓宽创造了条件，调动了广大农民的积极性，提高了农业内部利用剩余劳动力资源的效率。

（2）1984~1988 年的快速转移阶段。20 世纪 80 年代中后期，随着改革开放的制度红利逐渐释放，一些富裕农民开始将其所获得的农业剩余投资于农业、工业、商业以及其他服务业，部分地区的集体经济组织也将提留部分的农业剩余大量投入非农产业，从而使得以乡镇企业为代表的农村工业以前所未有的速度蓬勃发展起来。[1] 同时，因国有企业改革相对滞后，其生产仍受到国家计划的强力控制，体制机制活力不足，导致社会总需求大于社会总供给，生产资料和生活消费品供应紧张，也为乡镇企业的发展提供了客观条件。乡镇企业的发展不仅促进了农村经济的发展，而且对增加农村就业、消化农业剩余劳动力做出了突出的贡献。根据高书生（1998）的研究，1978 年乡镇企业产值、单位数和安置的农村劳动力分别为 493.1 亿元、152.4 万个和 2800 万人；1988 年，上述 3 个指标分别达到 6495.66 亿元、1000 万个和 9545.5 万人。与此同时，农业劳动力占农村总劳动力的比重也从 1978 年的 70.5%，下降到 1988 年的 59.3%，下降了 11.2 个百分点。[2]

（3）1989～1991 年的缓慢转移阶段。从 1988 年下半年开始，由于社会供求总量失衡，国民经济结构矛盾加剧，国家实施了三年的治理整顿措施。在此阶段，通过关、停、并、转等方式使得效益差、资源浪费大、环境污染严重的乡镇企业得到了控制，农业剩余

---

[1] 1984 年中共中央基于 1983 年发布的《当前农村经济政策的若干问题》一年的试行所取得的明显成效，出台了《中共中央关于一九八四年农村工作的通知》（中央一号文件），允许农民和集体的资金自由地或有组织地流动，不受地区的限制，鼓励农民向各种企业投资入股；鼓励集体和农民本着自愿互利的原则，将资金集中起来，联合兴办各种企业。特别是 1984 年发布的 4 号文件，确立了乡镇企业在国民经济中的重要地位，允许突破原来的就地取材、加工和销售（三就地）的限制，并在资金、税收、舆论等方面给予大力支持。

[2] 数据来源于《中国统计年鉴》（1994），并经整理计算得出。

劳动力非农化率出现了下降的局面，转移农业剩余劳动力总量增速下降。另外，通过治理经济环境、整顿经济秩序、全面深化改革，将改革和建设的重点放在治理经济环境和整顿经济秩序上。一方面，通过抑制通货膨胀、控制投资规模、克服经济过热现象来治理经济环境；另一方面，通过刹住乱涨价风、整顿公司，确立重要产品的流通秩序，加强宏观监督体系来整顿经济秩序。同时，从理顺价格着手，通过政企分开、完善承包制，建立国家宏观控制下的企业自主经营、自负盈亏、自我约束机制深化改革。通过三年的治理整顿，很多企业大力发展"三来一补"劳动力密集型产业，为下阶段农业剩余劳动力向东部沿海发达地区的转移奠定了基础。从整体上看，这一阶段农业剩余劳动力的转移呈现缓慢发展态势。

（4）1992~1995年的跨区域大规模转移阶段。1991年第十三届中央委员会第八次全体会议通过的《中共中央进一步加强农业和农村工作的决定》，明确提出一方面通过精耕细作，植树种果，发展畜牧业和水产业等多种途径，向农业广度和深度开发，争取在农村第一产业内部多吸纳一些劳动力；另一方面，有计划地开拓和发展第二、第三产业，加强农村工业小区和集镇建设，开辟农业劳动力转移的门路，妥善安排农村富余劳动力，为农村就业指明了方向。1992年，邓小平同志视察南方发表重要讲话，更是将改革开放引向一个新阶段，极大地推动了农村剩余劳动力向非农产业、城市的转移。仅1992年和1993年，我国农村剩余劳动力转移的总规模分别达到1800万人和3000多万人。①

---

① 数据来源于国家统计局农调总队社区处《关于农村剩余劳动力的定量分析》，《国家行政学院学报》2002年第2期，第34~38页。

（5）1996～2008年的稳定发展阶段。1996年以后，我国的市场经济体制基本上建立起来，过去总供给小于总需求的局面整体上得到了扭转，总需求小于总供给的局面开始出现，城市出现下岗工人。同时，企业也出现了两极分化，一方面部分乡镇企业向大规模、外向型和高科技发展；另一方面很多乡镇企业跌入低潮。两方面的共同作用，导致农业剩余劳动力发展趋缓。根据抽样调查，这几年转移劳动力占总劳动力比重基本维持在6%左右。[1]

（6）从2009年至今的民工荒阶段。一是人口老龄化问题。中国自1973年全面推行计划生育以来，人口再生产类型由"高出生、低死亡、高增长"转向"低出生、低死亡、低增长"。根据国家人口发展战略研究课题组发布的《国家人口发展战略研究报告》：目前普遍所说的农村大约有1/3劳动力剩余，绝对数为1亿人到1.5亿人，但40岁以下的农村青壮年剩余劳动力，绝对数只有5212万人。与此同时，"劳动年龄人口增长速度也越来越慢，2013年前后将达'零增长'"。这一报告建立的预测模型显示，最早在2009年，我国将出现劳动力整体供给不足。[2] 二是大量基础设施投资导致农民工就近就业。随着2007年美国次贷危机引发的全球金融危机，国家大量投入基础设施建设，带动了各省高速的基础设施建设，导致农民工就近就业。三是用工成本上升和金融危机的双重挤压。一方面随着近年来用工成本的上升，劳动密集型企业中效率低下、工资调整空间狭小的企业存在民工荒现象；另一方面金融危机导致的

---

① 数据来源于国家统计局农调总队社区处《关于农村剩余劳动力的定量分析》，《国家行政学院学报》2002年第2期，第34～38页。
② 详见《国家人口发展战略研究报告》。

"需求萎缩"，使得企业无法通过涨价来消化增加的劳动力成本，更是导致劳动力密集型产业的民工荒。

6.2 劳动力流动产生的风险

现阶段，农村剩余劳动力大量流向城市现代部门，实现劳动力在城乡之间的优化配置，提高农村剩余劳动力的边际报酬，是中国经济增长的一个重要引擎。对于劳动生产率较高的部门来说，劳动力的转移为其提供了低成本的人力资源。同时，劳动力的流出过程也就意味着其内部资源特别是劳动力资源的重新配置过程。对于留在农村的劳动力来说，一部分劳动力流出后，非转移劳动力尤其是从事农业的劳动力的边际劳动生产率会相应地提高（李实，1999）。因此，可以说劳动力转移产生的劳动结构效应，即劳动力在不同劳动生产率部门之间的重新配置，是经济全要素生产率增长的一个重要源泉（刘源，2009）。但是，劳动力转移就像一把双刃剑，在给各利益主体带来巨大经济效益的同时，也使其面临着风险。

6.2.1 区域差距扩大的风险

劳动力大规模流动产生区域差距扩大的风险。对输出地而言，劳动力流动成功地把劳动力流出地的农村剩余劳动力输向了发达地区。这些人在外学习了技术，积累了资本，实现了生产要素的重新组合，推动了流出地经济的发展，促进了流出地传统农村经济社会向以城市化和工业化为主导的现代社会的转变（曹利平，2009）。从资源配置的角度来看，对于输入地而言，刘学军和赵耀辉

（2009）的实证分析认为，尽管影响程度非常小，但外来劳动力对城市本地劳动力的就业率和工资均具有统计上的显著负向作用。对输出地而言，中部地区劳动力向制造业的集中推动了东部沿海地区制造业的发展和集聚，这又增强了该地区对中部地区劳动力的拉力，在这种动态的累积循环中，加剧了中西部地区经济差距的扩大（敖荣军，2005）。另外，在劳动力大规模转移的经济社会中，一旦不同地区生产率存在差异，劳动力就会不断地流向边际收益较高的地区，并且不会因此出现新古典意义上的要素报酬均等化趋势。特别是在地区生产率差异无法缩小的情况下，生产要素的自由流动会产生发散的风险（段平忠、刘传江，2005；马少晔、应瑞瑶，2011）。在财政体制还在逐步完善的过程中时，区域间经济差距的扩大将影响地区间财政收支状况的巨大差距，导致地区间公共服务供给水平上的严重不平等。根据 Tiebout 理论，在一定条件下，劳动力特别是高技术劳动力①会向公共产品供给水平较高的地区流动，因此进一步扩大地区间经济差距，从而形成一种恶性循环。

6.2.2 公共债务风险

劳动力大规模流动会产生政府债务风险。由于我国现行的财政体制，事权、财权的划分以及转移支付都是以辖区内人口不流动为假设。因此，劳动力大规模流动，给传统的财政体制带来挑战。随着市场经济体制改革的逐步深入，人口流动管理越来越宽松，人口

---

① 地方政府只需配合户口准入配额制度，将本地户口与学历、城市购房等挂钩，就会实现对流入人口的歧视，从而实现高水平的公共服务与低税率的财政竞争组合，使本地区的收益最大化。

流动将更加自由。因此，需要调整纵向和横向上的财政关系。如果按照"公共财政"的要求，保障流动人口与城市人口一样享受到均等的基本公共服务，会给当地财政带来较大的负担。

6.2.3　通货膨胀风险

劳动力大规模流动可能会产生通货膨胀的风险。一方面，在中国这样一个资金短缺的低收入发展中国家，靠不断扩大信贷实现农村剩余劳动力转移，维持较高的转移速率，将导致通货膨胀的发生。[①] 另一方面，由于农业劳动力持续流入非农业部门，农业生产不断萎缩和农业产品供给相对不足，会引发农业产品价格上涨。农业产品价格的上涨，促使农业经营比较收益提高，虽然导致农业劳动力转移规模减小，但也加剧了城市劳动力短缺，并推动了非农产业工资成本上升，非农产品面临价格上涨的压力。甚至，当农业剩余劳动力耗尽后，劳动力转移规模、农业产品价格和非农产品三者之间相互影响，形成恶性循环，面临通胀的风险。

6.2.4　政府间恶性竞争

劳动力大规模的流动，会产生政府间恶性竞争的风险。在财政分权的背景下，劳动力流动过程中，为增强本级政府实力、提高辖区福利，易产生以税收和财政补贴为重要手段进行的对经济资源和税收资源的政府间竞争。资源作为一种地方政府的利益驱动，税收

---

① 见吴仁洪、邹正青《农村剩余劳动力转移与通货膨胀》，《经济研究》1989年第 10 期，第 60 ~ 65 页。

竞争有其一定的合理性，但竞争是有一定限度的，超过这个限度就会形成恶性竞争。恶性竞争，首先会导致竞争主体双方福利的净损失。其次，税收竞争影响了相对价格，改变了纳税人的经济决策，从而产生税收的替代效应，增加了税收的超额负担，违背了税收的中性和公平原则。这种税收竞争过度，最终产生的结果可能是竞争双方都付出了财政补贴和税收优惠，却没得到所期望的回报，从而导致国家整个财政收入情况的不断恶化，降低了公共产品提供的水平。再次，由于税制运作缺乏透明度，侵蚀税基，国家税收优惠政策的宏观调控功能越来越差，国家财政收入大量流失，地方财政收入不足，从而形成了潜在的财政风险。最后，这种恶性竞争在微观方面，同样能产生负面影响。由于劳动力流动速率过高，对微观经营主体产生负面影响。很多企业失去了对人力资源开发的责任心和积极性，从而造成对人力资源"重使用、轻培养"的现象。

6.2.5　其他风险

劳动力大规模地流动，会使流入方和流出方产生其他各类风险。一方面，由于符合就业条件的劳动力大规模地由农村流向城乡，农业劳动力的平均人力资本水平会进一步降低，强化了农业生产风险；另一方面，随着大量青壮年劳动力向城市的转移，无疑加剧了农业劳动力老龄化的趋势，将产生农村传统养老保障功能弱化的风险。同时，在当前城镇就业矛盾突出的背景下，农村剩余劳动力向城市大规模的转移，农村隐性失业问题转变成城市显性失业问题，将导致城市就业矛盾更加突出的风险，同时还增加了城市治安隐患。

6.3　劳动力流动对财政风险产生的影响

农村剩余劳动力流入城市，这一现象所反映的是合乎经济社会规律的社会关系调整。首先，如果把农村劳动力视为一种生产要素，那么农村劳动力流动就体现了劳动力资源在农业和城市产业之间的帕累托改善。其次，如果把农村劳动力视为一般居民，那么农村劳动力流动就反映了农村生活和城市生活之间关系的自然变化。最后，农村劳动力流动导致资源配置效率和收入分配状况的改善，缓解了封闭经济下潜在的社会风险。财政风险是社会风险的表现形式。面对各种社会风险，政府不得不通过财税政策来履行其相应职责。因此，农村劳动力转移过程对财政风险也会带来相应的影响。

6.3.1　劳动力流动对流入地产生的影响

无论是从事权和财权的划分来看，还是从转移支付制度的设计来看，我国现行的财政体制，都是假定辖区人口不流动，以辖区的户籍人口为基础的。在现行的财政体制框架下，各地政府在为本辖区居民提供公共服务的过程中，只会按户籍人口来提供公共服务。而对于流入本地辖区内的农村剩余劳动力，由于流出地和流入地都不负责其公共服务的供给，从而陷入"两不管"的尴尬境地。而农村剩余劳动力的转移改变了现行财政体制这一基础。因此，农村剩余劳动力流动，要求财政关系从纵向和横向上进行调整。对于流入地而言，享受到了农村剩余劳动力流动所带来的"人口红利"，使其获得了经济高速发展的实惠，但如果对这类流动人口提供同样水平的公共服务，当地财政负担将随之增加，对财政风险将产生巨大冲击。

6.3.2 劳动力流动对流出地产生的影响

对于流出地而言，当地用于流出劳动力方面的财政支出没有得到相应的回报。例如，对农民的教育投入成为当地财政的大额支出，但是输入地政府坐收渔利；再如，劳动力户籍仍在原地，输出地政府仍对其负有相应的社会管理职责，如为农民提供信息、进行培训、出具证明等行政事务和社会管理工作。这也是一笔庞大的开支，但对当地经济没有直接的贡献。因此，随着城镇化的逐步推进，以及公共财政的"公共"要求，中央及地方政府原有事权划分必须得到合理调整。特别是农村剩余劳动力的流动，要求政府在公共服务供给责任方面做出变化。在城镇化过程中，也出现了公共服务在农村和城镇的双重需求，即"劳动力进城、抚养人口留乡村"。在当前条件下，流动劳动力进入城市工作生活，但他在户籍所在地的所有权益不能剥夺，因为转入城市的流动劳动力，大部分并没有完全脱离农业，每年除在外务工外，都要回家从事农业生产，做季节性转移。因此，对于流动劳动力的基本公共服务，户籍所在地政府要考虑，城市政府也要考虑。这种流动给政府之间横向的责任划分带来了挑战。

因此，劳动力流动加深了我国现行财政体制的矛盾，主要表现为事权、财权、财力的不匹配。这种不匹配需要重新组合财政体制要素中的事权、财权、财力，但也增加了组合的不确定性。同时，农村剩余劳动力在动态的流动过程中，如果人口流动过大，农村地区人口大幅度减少，将造成原有的公共设施闲置、浪费。流入地如果没有充分考虑流入农民的需求，仅仅局限于城镇户籍人口的话，城镇将极易陷入拥挤、脏、乱、无序的状态。因此，农村剩余劳动力流动将给公共财政带来不确定性风险。

6.4　农村劳动力流动对财政风险影响的实证检验

6.4.1　农村劳动力转移对财政风险影响的实证检验

6.4.1.1　实证模型

我们在上文对财政风险和社会风险进行了论述，即财政风险主要是由两部分因素决定的，即潜在的可能由财政兜底的社会风险和财政体制化解社会风险的能力。潜在的可能由财政兜底的社会风险越大，财政风险发生的可能性越大；财政体制化解社会风险的能力越强，财政风险越大。据此，我们可以构建以下关于财政风险的模型：

$$FR = \frac{\alpha \cdot SR}{FS} \tag{6-4}$$

其中，FR 为财政风险，SR 为社会风险，α 为衡量私人部门化解社会风险的能力，其具体是由社会制度的特征决定的。$\alpha \cdot SR$ 代表无法自我化解的社会风险部分，即会转嫁到财政部门的风险。FS 为财政体制化解社会风险的能力，具体是由财政体制的特征决定的。该模型的基本含义是，财政风险取决于私人部门无法化解的社会风险大小和财政体制化解社会风险能力的比较。对以上模型取对数，可以得到以下计量经济模型：

$$\ln FR = \alpha_0 + \beta_1 \ln SR + \beta_2 \ln \alpha + \beta_3 \ln FS + \varepsilon \qquad (6-5)$$

在本书中，我们主要研究农村劳动力转移与社会风险和财政风险的关系，因此社会风险 SR 主要是和农村劳动力转移相关的社会风险。私人部门化解农村劳动力转移导致的社会风险的能力与社会制度相关，我们采用一系列市场化特征来进行衡量。财政体制化解社会风险的能力，我们用财政体制的特征变量进行衡量。基于此，我们可以得到以下实证模型：

$$\ln FR_{it} = \alpha_0 + \beta_1 \ln FL_{it} + \beta_2 \ln FD_{it} + \beta_3 \ln TB_{it} + \beta_4 \ln IND_{it} + \beta_5 \ln STA_{it} + \beta_6 \ln URB_{it} +$$
$$\beta_7 \ln OPE_{it} + \beta_8 \ln Y_{it} + \beta_9 \ln I_{it} + \alpha_i + \alpha_t + \varepsilon_{it} \qquad (6-6)$$

在上述模型中，下标 i 和 t 分别表示第 i 个省份第 t 年的观测值，α_0 是常数项，β 是各解释变量的系数，ε_{it} 是随机扰动项。被解释变量 FR 表示财政风险指数，解释变量 FL 表示农村劳动力转移；FD 和 TB 分别代表财政分权度和实际税负，用来衡量我国财政体制；IND、STA、URB 和 OPE 分别表示工业化率、国有化率、城镇化率和对外开放度，用来衡量我国市场化的体制；Y 和 I 分别表示人均收入和固定资本形成，是模型的控制变量；α_i 和 α_t 分别表示各省份的个体效应和时间效应，用来控制各地区不随时间变化和随时间变化的特征，控制变量、个体效应和时间效应可以缓解遗漏变量带来的内生性问题。

6.4.1.2 指标选取及数据说明

我们使用各省份当年的预算内外收入和预算内外支出的比值来衡量财政风险。在此，要强调的是，我们对财政风险指数理解的落脚点并不是地方政府的财务状况，而是从财政体制方面来看待这一指数，即地方政府维护"公正正义"的能力，这一能力受到财政体制下相关制度的约束。我们未把转移支付引入财政风险指数的原因在于转移支付制度隐藏了财政体制本身的一部分风险，如果把转移支付引入则会低估地方政府的财政风险。我们把预算外收支引入财政风险指数，是因为预算外收支同样属于制度内的财政收支，不引入则可能高估或低估财政风险。据此，也可以把财政风险指数视为地方政府为了维护公正正义向中央政府和制度外融资的动机。我们把收入方面作为分子，支出方面作为分母，同时，在我国现有财政体制下，财政风险指数总小于1。所以财政风险指数越高，财政风险越低。

关于解释变量，我们使用城镇单位农村劳动力人数来衡量农村劳动力向城市转移这一现象；使用人均地方财政收入和人均中央财政收入的比值表示收入分权度；使用人均地方财政支出和人均中央财政支出的比值表示支出分权度；使用第二产业产值与 GDP 的比值衡量工业化率；使用国有及国有控股企业工业产值与工业总产值的比值衡量国有化率；使用非农人口和总人口的比值衡量城镇化率；使用出口额和 GDP 的比值衡量对外开放度；使用地区税收收入和地区国民生产总值的比值表示实际税负水平；使用 1978 年为基期的实际 GDP 和人口比重衡量实际人均收入；使用 1978 年为基期的实际固定资本形成总额来衡量投资水平。

所有数据均来自《中国统计年鉴》、《中国财政年鉴》、《各省区统计年鉴》和《中国工业经济年鉴》等数据库。我们选取除西藏和海南外省份 1996 ~ 2007 年的数据作为样本，其中四川和重庆的数据合并处理。对所有变量都取对数做无量纲处理。上述变量的统计特征如表 6 – 2 所示。

表 6 – 2 各变量统计特征

变　量	均　值	标准差	最小值	最大值
财政风险指数	0.655	0.178	0.225	0.981
农村劳动力转移（万人）	43.498	45.642	1.280	285.380
财政收入分权度	1.204	1.435	0.343	8.233
财政支出分权度	3.349	2.790	1.078	18.271
实际税负（％）	0.058	0.021	0.035	0.158
工业化率（％）	0.445	0.067	0.268	0.600
国有化率（％）	0.549	0.204	0.124	0.899
城镇化率（％）	0.337	0.152	0.139	0.868
对外开放度	0.163	0.196	0.022	0.905
人均收入（元）	1514.430	1349.600	403.410	10873.180
实际资本形成总额（亿元）	697.342	688.678	34.317	4392.528

6.4.1.3 实证结果分析

6.4.1.3.1 全国实证检验结果分析

表 6 – 3 是把全国作为整体的实证检验结果。模型（1）没有控制任何变量，在模型（2）和模型（3）中，我们分别用财政收入分权度和财政支出分权度来衡量财政体制的特征。无论哪个模型，都证明了以下结论：从全国整体来看，随着农村劳动力向城镇的转移，财政风险会降低，这一结果在 1% 的水平上显著。这一结论是对本书的进一步说明，尽管我国户籍、公共服务等相关制度还不完善，不管是在生产还是在生活方面，仍然存在制度摩擦阻碍农村劳动力向城镇转移的自然趋势，但制度摩擦所引致的社会风险并不足以扭转农村劳动力自然转移所带来的社会状况的改善，这种

表 6-3　全国农村劳动力转移对财政风险影响的估计结果

解释变量	模型（1）	模型（2）	模型（3）
农村劳动力转移	0.207 ***	0.166 ***	0.210 ***
	(0.023)	(0.036)	(0.021)
财政收入分权度		0.278 ***	
		(0.062)	
财政支出分权度			0.055
			(0.042)
实际税负		-0.012	-0.020
		(0.041)	(0.043)
工业化率		-0.077	-0.074
		(0.063)	(0.066)
国有化率		-0.039	-0.026
		(0.036)	(0.037)
城镇化率		0.009	0.028
		(0.034)	(0.036)
对外开放度		-0.027	-0.022
		(0.019)	(0.020)
人均收入		-0.007	-0.023
		(0.029)	(0.030)
固定资本形成		0.015	0.018
		(0.012)	(0.012)
常数	-1.065 ***	-1.158 ***	-1.247 ***
	(0.088)	(0.339)	(0.341)
时间效应	控制	控制	控制
地区效应	控制	控制	控制
模型	RE	FE	RE
HAUSMAN 检验	0.06	23.09	4.09
	(1.0000)	(0.0060)	(0.9999)
样本容量	336	336	336

注：*、**、*** 分别表示在 10%、5%、1% 的置信水平上显著。

改善可能来自顺应农村劳动力自然转移情况下社会关系的理顺，也可能来自农村劳动力自然转移所引致的经济增长效应，这一增长效应扩大了地方政府的税基，提升了地方政府维护社会"公正正义"、抵御社会风险的能力。

从我国财政体制的特征变量来看，财政收入分权度越高越有利于缓解财政风险，且在1%的水平上显著。同时，财政支出分权度越高，也越有利于缓解财政风险。这可能是因为，财政越分权，地方政府处理社会风险的财力越多，其相应的责任也越大，从而对其处理社会风险提供积极的激励作用。但实际税负水平越高，财政风险越大。这可能是因为实际税负过高导致居民压力过大，从而引发新的社会风险。这也说明，从风险角度看，我国实际税负已经处于高位。通过增税来增加地方政府财力的空间已经不大。

从我国市场化的体制变量来看显示了以下结论：即工业化率、国有化率和对外开放度越高，财政风险越大；而城镇化率越高，则财政风险越小。这整体上大致反映了我国市场体制不健全从而不能有效化解财政风险的状况。

从其他控制变量来看，人均收入越高，财政风险越大；而投资水平越高，财政风险越小。

6.4.1.3.2　分地区实证检验结果分析

表6-4把各省份划分为东、中、西部，来分地区实证检验农村劳动力转移对财政风险的影响。从地区特征来看，东部地区更大程度上是农村劳动力输入的省份，中、西部地区更大程度上是农村劳动力输出的省份，因此分地区检验可以在一定程度上控制劳动力

表 6 - 4　分地区农村劳动力转移对财政风险影响的估计结果

解释变量	东部地区		中部地区		西部地区	
	（1）	（2）	（1）	（2）	（1）	（2）
农村劳动力转移	0.093	0.110*	0.122***	0.235**	0.214***	0.136***
	(0.059)	(0.060)	(0.033)	(0.109)	(0.018)	(0.038)
财政收入分权度	0.163		0.047		0.092	
	(0.109)		(0.092)		(0.071)	
财政支出分权度		0.130		0.146		-0.268***
		(0.152)		(0.335)		(0.072)
实际税负	0.040	0.039	0.167	-0.022	0.036	0.004
	(0.073)	(0.074)	(0.108)	(0.108)	(0.107)	(0.037)
工业化率	-0.006	0.005	-0.183	-0.231	-0.015	0.012
	(0.121)	(0.122)	(0.168)	(0.163)	(0.073)	(0.051)
国有化率	-0.107	-0.100	-0.202**	-0.136	-0.101	0.007
	(0.069)	(0.070)	(0.101)	(0.116)	(0.090)	(0.027)
城镇化率	0.036	0.036	0.177**	0.112	0.133	0.011
	(0.062)	(0.063)	(0.088)	(0.090)	(0.044)	(0.033)
对外开放度	-0.092***	-0.094***	-0.081	-0.039	-0.055	-0.006
	(0.034)	(0.0345)	(0.058)	(0.059)	(0.085)	(0.016)
人均收入	0.054	0.054	-0.151**	-0.168**	0.029	0.015
	(0.052)	(0.053)	(0.071)	(0.071)	(0.029)	(0.025)
固定资本形成	-0.018	-0.019	0.028	0.025	0.001	0.029***
	(0.201)	(0.021)	(0.028)	(0.027)	(0.146)	(0.010)
常数	-1.049*	-1.196*	-0.176	-0.603	-1.283*	-0.897***
	(0.628)	(0.693)	(0.724)	(0.927)	(0.750)	(0.300)
时间效应	控制	控制	控制	控制	控制	控制

解释变量	东部地区		中部地区		西部地区	
	（1）	（2）	（1）	（2）	（1）	（2）
地区效应	控制	控制	控制	控制	控制	控制
模型	FE	FE	RE	FE	RE	FE
HAUSMAN 检验	51.54	33.20	15.82	16.60	12.38	340.24
	（0.0001）	（0.0321）	（0.7277）	（0.0202）	（0.9023）	（0.0000）
样本容量	120	120	96	96	120	120

注：＊、＊＊、＊＊＊分别表示在 10%、5%、1% 的置信水平上显著。

输入还是输出的特征。从结论中我们可以看出，无论是东部地区、中部地区，还是西部地区，农村劳动力转移都有利于缓解财政风险，其中，东部地区的结论在 10% 的水平上显著，中部地区的结论在 5% 和 10% 的水平上显著，西部地区的结论在 1% 的水平上显著。这说明，相对于输入省份的东部地区，农村劳动力转移对作为输出省份的中、西部地区的社会风险起到了更加显著的缓解效应。这主要是因为中、西部地区农村劳动力的基数较大，劳动力的转移更加明显地释放了这些地区的剩余劳动力问题，引致了显著的帕累托改善效应。而东部地区吸收了更多的流入劳动力，可能引发更大的制度摩擦和社会矛盾，因此当地政府可能比中西部地区需要投入更多的公共资源来化解农村劳动力转移带来的社会风险。

6.5 实证检验结果分析

本章基于对财政风险的重新界定，分析了农村劳动力转移这一自然过程对财政风险的影响，并以 1996～2007 年 28 个省份作为样本进行实证检验，得出以下结论。

（1）农村劳动力向城镇转移无论从生产还是从生活角度来说都符合客观规律。在这一过程中，各种社会关系得以理顺，有效缓解了社会存在的潜在矛盾，降低了社会风险。如果这一自然趋势不能实现的话，政府将花费更多的资源来维护社会，特别是农村地区的生产生活的稳定。因此，农村劳动力向城市的自然转移意味着财政风险的降低。

（2）在农村劳动力向城市转移的过程中，户籍、公共服务等相关的制度建设可能会落后于农村劳动力转移这一自然趋势，从而形成制度摩擦，阻碍农村劳动力向城市寻求新的工作和生活机会。制度摩擦导致社会风险，这一社会风险实际上是农村劳动力转移无法充分实现的表现。这些社会风险需要财税政策工具进行调节，因此最终会反映到财政体制上，形成财政风险。

（3）从我国实际情况来看，农村劳动力向城镇转移，财政风险随之降低。尽管我国在户籍、公共服务等相关制度上还不完善，但制度摩擦所引致的社会风险并不足以扭转农村劳动力自然转移所带来的社会状况的改善，这种改善可能来自顺应农村劳动力自然转移情况下社会关系的理顺和帕累托改善效应。并且，由于农村劳动力基数更小，吸收劳动力数量更大等原因，农村劳动力转移对财政风险的缓解效应在我国中西部地区要强于东部地区。

7　土地集约化经营中的财政风险研究

　　土地是最基本的生产要素之一，必须与其他要素结合，才能进入生产过程。但是与其他生产要素相比，土地自然供给的不变性决定了土地作为基本生产要素供给价格的无弹性。这就要求我们不能走传统的土地粗放利用道路，必须合理利用土地，提高土地集约利用水平，追求土地资源利用综合效益最大化，缓解日益增长的土地需求。

　　随着改革的不断深入，农民拥有了一定的迁徙、择业的自由，户籍制度也有所松动，可以说城乡二元化的坚冰正在融化。遗憾的是，农村的土地承包制度并没有与时俱进，做出相应的改革，反而成了这一进程的绊脚石。这主要表现为产权的残缺：国家保有对集体所有的土地事实上的禁止转让、限制抵押以及强迫性征收或征用等终极处分权（周林彬，2002）。由于农民缺乏对土地事实上的这种终极处分权，土地不能作为生产要素在要素市场上进行流转、抵押，享有的仅仅是占有、使用、收益的最初始权利。想进城另谋生计的农民无法将土地转让给他人。这样农民即使进城了，仍然要承担承包土地上的负担，同时在城市又要纳税，成为"双重纳税人"。[①] 土地流转这种权能的缺失，使农民"离乡不能离土"，实际上是试图把农民捆绑在土地上。而在现实上其产生的后果也是颇为严重的，这就使很多地方出现了土地抛荒的现象。这种土地制度的二元性，导致土地流转制度的交易成本过高，分散的土地流转形式以及流转价格机制失效等缺陷阻碍了农民收入的提高，进而不利于我国二元经济结构的转化。

因此，需要创建适应深化市场经济体制改革的土地流转制度，从体制和机制上保障土地作为生产要素自由流动，促进农村市场经济发展。

7.1 土地流转的一般规律及中国的实践

David Ricardo 等古典政治经济学家最早在地租理论中提出农业集约化经营，认为土地集约化经营是指在一定面积的土地上，通过使用先进的技术和管理方法，投入较多的生产资料和劳动、实现投入资源的优化配置，以求获取更高收益的一种经营方式。约翰·冯·杜能（1997）在《孤立国同农业和国民经济之关系》一书中提出的农业区位论，首次系统地阐述了农业区位理论的思想，采用科学抽象法，设定了"孤立国"这样一个假想空间，研究为了从土地取得最大的纯收益，农场的经营随着距城市距离的增加将如何变化，指出了土地利用方式的区位存在客观规律性和优势区位的相对性。

---

① 韩秀义：《论农地产权制度建构模式之选择》，http://www.chinalawinfo.com。

事实上，土地集约化经营是相对于土地粗放经营或土地碎片化经营而言，是指在一定面积的土地上，通过投入资源的优化配置，改变当前劳动力投入过多的现象，投入较多的非劳动生产资料，实现劳动、资本、土地等各种生产要素的优化配置，以提高单位土地面积产品产量的经营方式。土地集约化经营是工业化的一个必然现象，是社会生产历史发展到一定阶段的产物。

7.1.1　土地流转的一般规律

7.1.1.1　土地使用权流转市场的完善对土地集约化经营至关重要

从我国土地集约化经营的实践来看，我国农户土地承包期不断延长。先是20世纪80年代中期提出农户土地承包期延长15年不变，后来2002年出台的《中华人民共和国农村土地承包法》又提出耕地的承包期为30年。土地承包期的不断延长，目的就是强调土地承包关系的稳定。事实上，自家庭承包制作为基本制度在全国确立以后，我国土地关系就一直处于频繁的调整中。由于土地是我国广大农村地区主要或唯一的经济来源，频繁的土地调整都是人口不断增长而被迫做出的无奈选择。1996年，农业部农村改革试验区联合美国华盛顿大学农村发展研究所调查了陕西和福建两省四县土地流转情况及影响因素。结果表明，假若对土地有长期使用权，93%的农民则愿意对土地做长期投资。同时，该调查统计还发现仅有不到一半的农户支持土地政策不调整（杨学成，2001）。从而形成了一个怪现象：一方面是土地调整有损资源配置效率，另一方面是土地的频繁调整。

根据农业部农村改革试验区联合美国华盛顿大学农村发展研究所的调查研究结果，我们可以发现，建立一种能够替代土地调整对农民生活提供保障功能的机制是化解矛盾的根本途径。事实上，有效克服农村土地频繁调整而产生的资源配置效率损失，根本在于建立和完善农村土地使用权流转市场。建立并完善土地流转市场，既能避免土地频繁调整，又能给农民稳定的土地所有权。

7.1.1.2 完善的社会保障制度也是土地集约化经营的重要影响因素

事实上，土地流转和集约化经营能够较好地解决以下问题。一是通过土地流转和集约化经营解决当前土地的分散化、细碎化经营，发挥规模经济效应。二是通过边际产出的"拉平效应"（姚洋，2002），提高土地资源配置效率，促进人口的流动，提高人力资源的配置效率。三是解决小生产和大市场脱节的问题，即通过土地流转，促进发展土地集约化、规模化经营，通过农民专业合作组织、农业产业化经营和龙头企业，把极其分散的农户组织起来，发展适度规模经营，使之有效地参与到市场经济的大竞争中去覆盖市场、占有市场，提高农业的市场竞争力，从而有效地抵御市场风险的冲击。农业的发展规律和我国农业发展的实践表明，农业小规模家庭分散经营走向适度规模的集约经营，是其长期稳定发展的内在要求和必然趋势。但事实上，土地流转和集约化经营进展并没有达到预期目标，是什么阻碍了土地流转？

显然，理解阻碍土地流转的关键在于理解两个问题。一是土地的流转对农民的效用。正如钱文荣（2002）所言，土地对于农民而言，具备就业、受益、生活保障的功能。换言之，土地作为农民生存的最根本的保障，以至于农民宁愿"抛荒"也不愿意放弃土地经营权。二是转移到城市的农民无法享受到与城市市民同等待遇的基本公共服务。换言之，土地流转，将加大农民失地的机会成本。在现有的制度安排下，农户不愿放弃土地经营权，制约了土地集约化经营的规模。因此，完善的社会保障制度也是土地集约化经营的重要影响因素。

7.1.2　土地流转在中国的实践

随着经济的发展和人口的增长，土地资源的稀缺性愈加明显。在经济发展（农业生产效率）和粮食安全（农民收入增加）的双重压力下，土地集约利用任务更加艰巨，更加成为协调城市发展和耕地保护任务的关键点。因此，土地集约和节约利用研究，成为实践和学术上的一个热点问题。土地集约化经营，必然涉及土地流转问题，而土地流转又自然涉及土地承包，即土地使用权问题。因此根据这条脉络，我国的土地集约化经营大致分为两个阶段：第一个是土地使用权问题的明确阶段；第二个是允许土地流转阶段。

7.1.2.1　土地使用权的明确阶段

1982 年 12 月，全国农村工作会议纪要明确指出"包产到户、包干到户都是社会主义集体经济的生产责任制"。此后，中国不断稳固和完善家庭联产承包责任制。同年 12 月，第五届全国人民代表大会第五次会议对宪法做了修订，通过了新的《中华人民共和国宪法》。其中第十条明确规定："农村和城市郊区的土地，除由法律规定属于国家所有的以外，属于集体所有。"1986 年 6 月颁布的《中华人民共和国土地管理法》，规定集体所有的土地按照法律规定属于村民集体所有，从而这一制度更加明确。这种土地制度虽然没有从根本上改变土地的集体所有制的性质，但将土地的所有权、经营权分开了，较好地提高了农业生产率。

7.1.2.2 允许土地流转阶段

1995 年 3 月 28 日，《国务院批转农业部关于稳定和完善土地承包关系意见的通知》第四条再次明确农村集体土地承包经营权的流转是家庭联产承包责任制的延续和发展，建立了土地承包经营权流转机制，提出："在二、三产业比较发达、大部分劳动力转向非农产业并有稳定收入、农业社会化服务体系比较健全的地方，在充分尊重农民意愿的基础上，可以采取多种形式，适时加以引导，发展农业适度规模经营。"至此，中国土地经营权的流转正式以法律的形式进行了确定。但是由于法律和政策的衔接不协调以及因经营权范围的限制和"政农不分"的中国特色，实施过程中农民的自主经营权受到严重限制。为此，2003 年 3 月，全国人大常委会颁布《中华人民共和国农村土地承包法》，其中相关内容明确允许土地流转。同年，中共十六届三中全会再次重申土地家庭承包经营是农村基本经营制度的核心，并强调要长期稳定并不断完善这种土地家庭承包经营制度，提出依法保障农民对土地承包经营的各项权利，完善流转办法，逐步发展适度规模经营。①

2005 年颁布的《农村土地承包经营权流转管理办法》第二条再次重申并鼓励土地流转。第十五条规定土地的流转要符合有关法律和国家政策规定的方式流转。《农村土地承包经营权流转管

---

① 详见《中国共产党第十六届中央委员会第三次全体会议公报》。

理办法》的颁布，以法律的形式允许土地流转，并鼓励发展多种形式的适度规模经营。这些政策法规构成了我国土地流转完整的政策体系。[①] 2007 年，十七大报告在有关统筹城乡发展、推进社会主义新农村建设的表述中，明确健全土地承包经营权流转市场，允许有条件的地方可以发展多种形式的适度规模经营。并对土地的流转，在制度上做了延伸，提出探索集体经济有效实现形式，鼓励发展农民专业合作组织，支持农业产业化经营和龙头企业发展。[②]

7.2 中国土地流转现状

关于土地流转，由于调查统计的困难，所以学者们在这方面还没有系统连续的研究，只有部分学者对部分省份做过调查统计，或者部分学者对全国某年的情况进行了统计，但缺乏在一个时间序列下的全国土地集约化经营方面的调查。例如，陈锡文、韩俊（2002）对浙江等 8 个省份的土地流转情况做了调查统计，土地流转比例较低。即使在土地流转比例最高的浙江省，也只有7% ~ 8% 。但是进入 21 世纪后，由于农村剩余劳动力大量转移，土地流转速度有所加快。另外，根据国家农业部门 2001 年的统计，在我国以各种形式流转的土地比例很低，且多数发生在沿海发达省份。张照新（2002）对浙江等 6 个省份进行调查统计，发

---

① 详见《农村土地承包经营权流转管理办法》。
② 详见中国共产党第十七次全国代表大会上的报告。

现河北、山东、安徽的土地转让市场发育缓慢，而浙江、湖南、陕西3个省份的土地流转市场规模相对较大，并且进入土地转让市场的农户比例较高。另外，姚洋（2004）对2003年全国的统计调查发现，农村耕地和集中的面积占全国耕地总面积的7.0%~10.0%，是1992年农地流转水平的2~3倍，且流转速度和规模呈不断上升趋势。

通过相关学者的调查统计，我们发现，经过近30年的发展，虽然土地流转及土地集约化经营取得了飞速发展，但整体而言，全国土地流转面积和流转水平不高的局面依然没有较好改善，仍以碎片化经营为特点的劳动集约型。其特征是：①单位面积对劳动力的吸收能力强，单位农业劳动者的平均固定资产较低；②单位农业劳动者的产量低；③单位产品所包含的物资成本低。随着农业物质技术基础的加强，土地的有限性和供给价格的无弹性决定了农业经营由劳动集约经营逐步向资金集约经营过渡。

表7-1列举了2009~2015年我国农村承包地及其流转基本情况。2009年农村家庭承包地面积为126318万亩，2015年增加至134237万亩。承包地流转面积从2009年的15154万亩增加到2015年的44683万亩，2009年和2015年承包地流转面积所占比例分别为12.0%和33.3%。流转地用于粮食作物生产的面积从2009年的8412万亩增加到2015年的25331万亩，相应所占比例分别为55.5%和56.7%，增速非常的缓慢。由此可见，流转用于非粮食作物的土地面积增速，远远高于用于粮食作物生产的流转地面积。图7-1用图形的方式展示了2009~2015年家庭承包地、承包地流转以及流转地用于粮食作物生产基本对比情况。

表 7 - 1   2009 ~ 2015 年我国农村承包地及其流转基本情况

承包地及其流转情况	2009 年	2010 年	2011 年	2012 年	2013 年	2014 年	2015 年
家庭承包地面积（万亩）	126318	127411	127735	131045	132709	132876	134237
承包地流转面积（万亩）	15154	18668	22739	27833	34102	40339	44683
承包地流转面积占比（%）	12.0	14.7	17.8	21.2	25.7	30.4	33.3
流转地用于粮食作物面积（万亩）	8412	10281	12477	15585	19275	22902	25331
用于粮食作物面积占比（%）	55.5	55.1	54.9	56.0	56.5	56.8	56.7

资料来源：2011 ~ 2015 年《中国农业发展报告》。

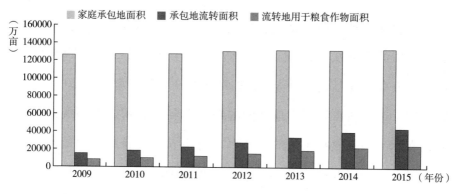

图 7 - 1   2009 ~ 2015 年我国农村承包地及其流转基本情况

表 7 - 2 反映了 2009 ~ 2015 年我国农村承包地流转的几个基本去向，分别是农户、专业合作社、企业和其他主体。承包地流转去

123

向中，企业和其他主体所占比例不大，基本上维持在 10%左右。但
流向企业的比例处于一个缓慢上升的趋势，从 2009 年的 8.9%增加
到 2015 年的 9.5%。

表 7 - 2　2009～2015 年我国农村承包地流转去向基本情况

流转去向	2009 年	2010 年	2011 年	2012 年	2013 年	2014 年	2015 年
农户（户）	10850	12913	15416	18006	20559	23544	26206
农户占比（%）	71.6	69.2	67.8	64.7	60.3	58.4	58.6
专业合作社（个）	1344	2216	3055	4410	6944	8839	9737
合作社占比（%）	8.9	11.9	13.4	15.8	20.4	21.9	21.8
企业（个）	1344	1508	1908	2556	3220	3882	4232
企业占比（%）	8.9	8.1	8.4	9.2	9.4	9.6	9.5
其他主体（个）	1616	2031	2415	2860	3378	4074	4508
其他主体占比（%）	10.7	10.9	10.6	10.3	9.9	10.1	10.1

资料来源：2011～2016 年《中国农业发展报告》。

承包地流转去向变化比较大的是农户与专业合作社。流转地在
农户手中的比例从 2009 年的 71.6%大幅下降至 2015 年的 58.6%，
而流向专业合作社的比例从 2009 年的 8.9%迅速增加至 2015 年的
21.8%。这反映出我国土地流转的趋势有利于农村土地的集约化经
营，有利于提高农村土地的生产率。对于农村流转地去向的这种变
化情况，谷彬（2016）认为，农村土地的流转应从农民主体地位的
角度出发，在农户和专业合作社之间找到一个平衡点，让其他流转
地的流向主体与农民之间形成互补和共赢的关系。图 7 - 2 用图形
展示了 2009～2015 年我国农村承包地去向对比情况。

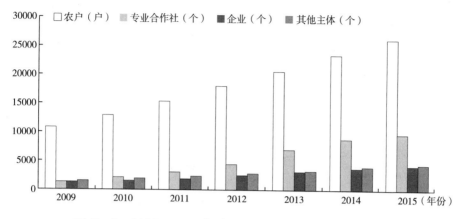

图 7 - 2　2009 ~ 2015 年我国农村承包地去向对比情况

7.3　土地集约化经营产生的风险类型

土地流转赋予农民更多的自由选择权,使农民在无法耕种土地的情况下,以一定的价格将土地出租,不但能够获得土地租金,还能"解放"自己去从事其他行业。决策者所期望的结果是,通过土地适度的集约化经营,形成规模经济,促进农业机械化和农业现代化的发展。但是作为一种新的制度尝试,必然也会面临多重风险。

7.3.1　经营风险

理论上而言,土地流转和集约化经营,使土地资源得到重新组合,提高农业生产力。但是,"农业是高风险行业"的现实不容忽视。首先,农业基础设施如果没有得到完善,就无法改变"靠天吃饭"的生产风险。其次,农业面临市场供求关系带来的产品价格、销售波动的风险以及其他衍生风险。传统的分散式作业,即使出现天灾或者市场风险,农户损失有限。但对于通过土地流转而获得土地进行大规模经营的农场、农业组织，一旦遭遇经营风险，不仅自身利益受损，还可能因为无法及时足额偿付土地租金、金融贷款等，影响到多方利益。

7.3.2　生态恶化风险

土地集约化经营，可能使某种作物种植面积的大幅度增加，区域内种植业结构单一，农业生产多样性降低，使得整个土地生态系统的多元性、层次性遭到破坏，农业生态系统变得不稳定，导致区域生态环境面临恶化的风险。同时，转出方为了追求效益，可能采取超过土地承载力掠夺式开发，把本属于林地、草地的土地一起开发种植作物，土壤肥力下降、地区抗灾能力减弱，导致滑坡、泥石流等自然灾害频发，引发生态环境恶化和土地退化的风险。

7.3.3　契约风险

土地集约化经营，一般都需要大规模实施。从当前土地流转的实际来看，一般都是通过招商引资将农民承包地集中流转给企业，或者通过农村土地信托引进金融资本将土地集中整治再出租，抑或通过土地流转培育专业大户和家庭农场等新型农业主体，推动规模化、现代化经营。无论采取哪种方式流转，如果是纯粹市场行为，需要挨家挨户谈判，交易成本过高，这就容易导致地方政府的直接介入，通过行政手段推动土地流转。在此情况下，金融资本、工商资本流转农村土地，易受地方政府鼓动，对投资农业的风险预见不足。一旦亏损严重，金融资本、工商资本将放弃农村土地经营，不再支付土地租金，产生契约风险。同时，有些土地流转私下交易，法律手续不完备，容易引发土地纠纷风险。

7.3.4 粮食安全风险

转入方作为市场经济主体，有着追求自身利益最大化的特征，容易导致两个现象的发生。一个是"非粮食化"现象。国家鼓励和支持农村土地向种粮大户、涉农企业等规模经营主体流转，发展多种形式的适度集约化经营。但转入方为了获取更多经济利益，可能会从事经济作物的种植，造成粮食总产量的下降。另一个是"非农业化"现象。土地转入方不可逆地将农用地转为非农用地，加大耕地保护难度，导致大规模非农业化经营。这些现象的发生都将产生粮食安全风险。

7.3.5 收入差距扩大的风险

市场经济是调节资源优化配置的有效途径。土地流转，目的就是充分发挥市场资源配置的基础性作用，通过市场机制，使土地生产要素能在市场上自由、合理地流动。在土地流转过程中，市场可能导致土地收益分配的"马太效应"。也就是利益主体为追求利益最大化，展开激烈的竞争，结果必然是优胜劣汰，加大收入差距。加之市场经济各种生产要素不能无偿使用，其所有权要求等价交换，这就要求生产要素按贡献参加分配，每个人占有生产要素的数量、获得和使用生产要素的能力又不相等，更导致收入差距叠加，从而产生收入差距扩大的风险。

7.3.6 社会风险

土地的集约化经营，必然会出现大量的失地农民，形成农村剩余劳动力，而城市又很难全部吸收农村剩余劳动力。即使对于吸收的农村剩余劳动力而言，当经济出现较大波动时，由于其受教育程度较低，也容易面临失业。在当前社会保障体系尚不健全的背景下，这些失业农民极易导致社会的不稳定，从而产生社会风险。而对于那些转出方农民而言，虽然选择进城务工，但在城市无法享受当地的公共服务，子女老人留在农村，产生留守儿童和留守老人的社会风险。

8 化解二元经济一元化过程中
财政风险的政策建议

正如前文所言，财政风险具有"公共"性质。因此，财政风险并不局限于财政部门与财政活动内部，它的产生和化解具有典型的"公共"性质，广泛存在于全社会范围内。中国的财政风险是中国经济体制改革面临"公共风险"的一个侧面，它反映并将持续反映政府财政"兜底"各种改革风险的能力水平（祝志勇、吴垠，2005）。因此，探索和构建符合中国国情的市场经济体制是化解我国财政风险的根本出路（吴俊培、张斌，2012）。

党的十八届三中全会提出要全面深化改革，同时指出，经济体制改革是此次全面深化改革的重点，并就市场与政府在资源配置中的关系做了全面、客观的表述。要求正确发挥市场在资源配置中的决定性作用，同时要使政府作用得到更好的发挥。此次就政府和市场在资源配置中关系的表述，目的就是清除阻碍生产要素自由流动的各种制度障碍，加快完善使商品和要素能够自由流动和交换的现代市场经济体系，发挥市场这只"看不见的手"的作用，提高资源配置的效率。由于市场存在市场失灵的领域，因此政府在资源配置中的作用也不容忽视。但是要发挥政府这只"有形的手"的作用，需要建立科学合理的财税体制。换言之，财税体制是实现市场统一、优化资源配置、国家长治久安的制度保障。因此，需要加快财政体制改革，建立现代财政制度，以适应现代市场经济体系的财政制度。

8.1 正确处理市场与政府的关系

财政风险可以分为内生性财政风险和外生性财政风险。内生性财政风险指财政系统内部的各种不利因素引发的、导致财政资源浪费或效率下降的风险；外生性财政风险是相对于内生性风险而言的，指财政系统外部各种不利因素引发的财政资源浪费或效率下降的风险，这些因素包括经济、政治、自然、技术、战争等。从财政系统外部各种不利因素来看，我国当前外生性财政风险主要是自1978年中国实施市场经济体制改革以来，政府和市场的职能进行了重新梳理。但是从现实来看，显然政府没有较好地处理政府与市场的关系，导致了"越位"与"缺位"并存而引发的风险。[①] 主要表现在以下方面。

一是农村地区的劳动力、资金、土地等生产要素继续维持流向城镇的趋势。虽然近几年来反向流动也在增加，但仍没有改变农村生产要素向城市单向净流出的基本格局。二是农村地区的生产要素

---

① 即使1978年的市场经济体制改革较为完善，但正如奥尔森（1982）所言，从长期来看，没有任何一种良好的体制能够一劳永逸地保证国家的经济增长。随着时间的推移，"制度僵化症"往往会阻碍经济增长，甚至可能引发政权危机。

往往被一些制度因素贴上了一个特殊的标志，将其与城市的生产要素区分开来，其交换关系是不平等的。例如，户籍制度将老百姓分为城市市民和农村居民，并限制了城市市民和农村市民在享受公共服务的差异性待遇。再如，土地管理制度将土地权属分为国有土地和农村集体土地，将农村集体建设用地基本排斥在土地市场之外。三是由于面临诸多风险，抑制了城市生产要素流向农村。这种风险包括不确定的外部环境因素和内部环境因素。例如，土地使用权的有效期比较短，如果在土地生产要素流转过程中，超过这个期限签署合同，极易产生契约风险。虽然近年来国家不断提高使用权的期限，但仍没有改变它的本质。这种土地使用权的有效期，就属于典型的外部环境因素或政策因素。再如，由于土地作为农村居民赖以生存的根本①，一旦土地流转出去，在缺乏社会保障或者社会保障水平较低的条件下，自然抑制了土地的流转，进而限制了土地集约化经营。这一原因就属于内部的不确定性因素。但是产生这种内部因素的不确定性，原因在于缺乏社会保障或者社会保障水平较低，所以换个角度也属于外部环境因素或政策因素。四是高昂的显性成本和隐性成本，限制了城乡生产要素双向流动。更好的税收优惠政策及国内较高的税负等，导致很多地方人力资源、资金、土地等生产

---

① 土地对农民的社会保障功能可归纳为以下六个方面：一是为农民提供基本的生活保障；二是为农民提供就业机会；三是为农民的后代提供土地继承权；四是对农民有资产的增值功能；五是对农民有直接受益的功能；六是免得重新获取时掏大笔费用的效用。其中，"免得重新获取时掏大笔费用的效用"是指，一旦农民把自己所分得的土地经营权上交给集体，如想重新获得该权利，则交易费用巨大。详见王克强《从地产对农民的生活保障效用谈农村社会保障机制建设的紧迫性》，《社会科学研究》2000 年第 2 期，第 94 ~ 97 页。

要素的流动甚至超过了跨国流动。这就解释了为什么涉外经济中的发展在大部分地方超过了城市对农村的投资。这种高昂的交易成本，无疑违背了帕累托效率原则，降低了整个经济的效率，从而减少了全社会的福利。

政府行为和市场行为各有优缺点，充分发挥各自资源配置优势，关键是寻求政府和市场的最佳结合点，使政府在行使资源配置、调节社会公平、稳定经济等职能的同时，避免和克服自身的越位、缺位、错位。因此，政府和市场的关系决定着市场经济体制的基本走向和运行质量，同时也影响到财政风险的防范。当前，我国经济体制存在政府缺乏干预或干预过度、"市场失灵"等矛盾。制约我国二元经济一元化的关键是资源配置严重不均衡，从市场的角度来看，这个问题的实质在于如何解决城乡之间生产要素的交换关系。因此必须通过深化改革，进一步完善社会主义市场经济体制来加以解决。换言之，我国经济体制改革的过程就是不断地调整政府与市场的关系的过程，充分发挥市场在竞争性领域配置资源的决定性作用，以及充分发挥政府在基础性和公共性领域的作用。竞争性领域要更多地发挥市场配置资源的决定性作用，基础性和公共性领域要更好地发挥政府的作用。解决这一问题的关键是：政府管好自己该管好的领域，把应该由市场发挥作用的领域真正交给市场；建立现代产权制度和现代企业制度；加快完善财税制度，弥补市场经济中存在的"市场失灵"，提高政府对市场经济的宏观调控能力，促进国民经济有效、健康运行。

8.1.1 加快完善现代市场体系

加快完善现代市场体系，要求我们必须尊重市场运行规律，推进市场化改革，使得市场在资源配置中发挥决定性作用。目前，中国的市场体系已初步建立，一般商品劳务的价格基本上已由市场决定，但是关键的要素价格还不是由市场供求决定。因此，要求我们从深度和广度上推进市场化改革，充分发挥市场配置资源的优势，实现效率最优化和效益最大化。在生产、分配、交换、消费的各个环节中，企业、经营主体、雇佣者、消费者等都能够根据要素价格平等地使用要素。

8.1.1.1 建立公平开放透明的市场规则

市场对资源的优化配置，主要发挥价格机制作用。发挥市场的价格机制作用，要求凡属于市场能够有效形成价格的，政府不能进行干预，应当交给市场发挥作用。通过市场竞争机制形成价格，进而调节社会供求关系，优化资源配置。所以应当尽可能地减少政府不当干预，最大限度地发挥市场决定价格的作用。但是，减少不当干预并不意味着政府完全不干预。这种干预是建立公开透明的市场规则，维护市场秩序，使市场充分发挥决定价格的作用。正如前文所言，我国的市场经济体制还有待完善，在市场开放上，进一步提高其开放性，使得各经济主体都能平等竞争。在市场运行上，进一步提高其透明度，使得各经济主体都能公平竞争。进一步理顺价格关系，使得各经济主体在公平和效率之间选择平衡点。

8.1.1.2 完善市场决定价格的机制

一个现代的市场经济，要求凡是市场能够有效形成价格的，都由市场形成价格。因此，要求在完善市场决定价格的过程中，将市场机制决定价格作为价格形成的常态机制，放开价格管制。市场决定价格应包括资本、人力资源、土地等各类生产要素。对于暂不具备放开条件的市场，应该探索建立符合市场导向并且能更好地反映市场供求关系的价格动态调整机制。尽量创造有利条件，加快形成市场决定价格的机制。现行部分领域，诸如自然垄断、公益性服务、公用事业等只能由政府形成定价。因此，必须改革政府定价机制，将政府定价严格限制在这些范围内。同时，改进政府现行定价方法，规范政府定价行为，严格按照《中华人民共和国价格法》执行，提高政府定价的科学性、透明度、公正性，下放定价权给地方政府。

8.1.1.3 建立全国城乡统一的市场

首先，改革户籍制度。户籍制度是实行计划经济时，政府对辖区人口进行管理的一种必要手段。虽然这种户籍制度在整个城镇化进程中对避免发展中国家普遍存在的城市贫民窟现象起到了积极作用，但它也限制了劳动力的自由流动，并增加了劳动力流动的成本。另外，这种农业户口和非农业户口的城乡二元结构，演变为医疗、教育、卫生、就业、社会保障等一系列公共服务供给的二元供给制度。因此，有必要改革甚至取消户籍制度，建立城乡统一的劳动力市场，剥离户籍制度附加的公共服务供给制度。

其次，完善农村金融市场体系。一个国家建立现代市场经济体系，要求建立的是一个一元的而非二元的市场经济体制，要求是一个统一开放的、各市场主体都能够公平竞争的市场。只有这样，各类要素才能够自由流动和平等交易，资源才能够得到优化配置。作为生产要素中最核心的金融资本，尤其如此。自改革开放以来，我国一直注重金融机构的改革，遵循的是"结构－功能－行为绩效"

的思路，但是忽略了金融机构的功能观。因此，在历次农村金融体系改革中，目的是建立竞争充分的农村金融体系。这一结果导致了政策性金融存在明显的弱势特征。但是由于农业的特质性风险，农业利润率低，商业保险不愿进入，农业金融体系长期存在需求和供给的相对有限状态。因此，需要建立健全农村金融服务体系，增加有效供给；鼓励产品和服务创新，提升农村金融服务水平；不断优化资源配置手段，建立农村资金回流机制；完善农村金融的竞争机制，优化农村金融发展环境。

再次，建立城乡统一的建设用地市场。正如前文分析，二元的土地管理制度导致农村集体建设用地财产权利实现渠道受阻。这种割裂的土地制度，不仅损害了农民的土地权益，而且制约了城乡统一建设用地市场的建设。这种二元土地管理制度已经成为统筹城乡协调发展的严重障碍。因此，有必要按照在符合政府规划和用途管制的前提下，允许农村集体经营性建设用地与国有土地一样，通过出让、租赁、入股等方式同等进入市场，实现同权同价。

最后，改革市场监管体系。实现统一的市场监管，是加快完善现代市场体系的迫切需要。清理并废除阻碍全国城乡统一市场建立和妨碍市场公平竞争的各种不合理规定和做法，反对垄断和不正当竞争，反对地方保护主义。地方政府之间的竞争是市场竞争非常重要的阻碍因素，政府只有打破地方保护主义，反对垄断和不正当竞争，使得资源、要素在地区之间自由流动，才能激活各自地区经济发展的活力和潜力。

8.1.2 着力深化企业改革

党的十八届三中全会指出，以公有制经济为主体、多种所有制经济共同发展的基本经济制度，是社会主义现代市场经济体制的根本要求，也是中国特色社会主义经济制度的重要支柱。着力深化企业改革，需要做到以下两点。

一是必须发挥国有经济的主导作用，巩固和发展公有制经济，不断增强国有经济活力、影响力和控制力。当前我国财政风险存在的一个重要原因就是地方政府投融资平台潜藏着巨大风险。投融资平台的出现，一方面拓宽了地方政府投融资渠道，提高了地方政府对各种资源的综合运用能力，对城市基础设施建设发挥了重要作用；但是另一方面，一些地方政府投融资平台自身负债率过高、治理结构不健全、对土地升值依赖过大、偿债责任主体不明确、地方财政风险过大、透明度低、系统性风险大等原因，成为将金融风险与财政风险捆绑的一个主要渠道。因此，必须加快深化国有企业体制改革，准确界定不同国有企业功能，分类推进改革。推动建立和完善现代企业制度，加快股份制改造。健全国有企业协调运转、有效制衡的公司法人治理结构，规范国有企业经营决策，建立健全企业经营者激励约束机制，实现国有资产的保值和增值，发展壮大国有经济，更好地发挥国有资产的影响力和带动力。鼓励非公有制企业参与国有企业改革，提高国有企业综合实力，重视发展混合所有制经济，鼓励和规范投资项目引入非国有资本参股，充分发挥国有资本的放大功能，提高国有企业的竞争能力。

二是必须毫不动摇地鼓励支持非公有制经济的发展，使之公平参与市场竞争，充分激发非公有制经济的活力和创造力。非公有制经济可以增强市场经济活力、促进资源合理配置、吸纳更多劳动力就业。非公有制经济的健康发展，有利于改变城乡二元经济结构。因此，现阶段促进非公有制经济的发展，必须鼓励有条件的私营企业建立现代企业制度，使之公平参与市场竞争，充分激发非公有制经济的活力和创造力。

8.1.3 准确履行政府职能

准确履行政府职能，要求政府能够切实转变职能，深化行政体制改革，创新行政管理方式，推进政企分开、政资分开、政事分开、政社分开，建设服务型政府和法治政府。根据十八大报告的基本要求，需要政府深化行政审批制度改革、简政放权、提高政府运行效率，为微观经济主体营造良好的发展环境。大力减少直接干预微观经济主体的行为，提供高效优质的公共服务，深化收入分配制度改革，维护社会公平正义职能的转变。深化投融资体制改革，确立企业投资的主体地位。最大限度地避免通过政府的行政手段对各类资源进行配置，充分激发市场经济和社会主体的活力与创造力，加强经济的内涵式发展。

进一步健全政府的宏观调控体系。政府宏观调控经济是为了达到一定的经济目的，充分发挥政府这只"有形的手"的作用，在经济活动中进行有意识的干预。内容包括促进经济结构的协调，保持市场的供需平衡。有效减缓经济周期的波动，保持经济增长的基本平衡。由于当前系统性风险发生的概率不大，因此重点是防范区域性风险，实现经济社会健康和可持续发展。大力推广政府购买服务，创新政府服务方式。推动公共服务提供主体的多元化，以此加快政府职能转变，建设职能科学、结构优化、廉洁高效、人民满意的服务型政府。

8.1.4 优化财政支出结构

首先，适时调整公共资源在城乡之间的分配格局。根据钱纳里和赛尔昆（1988）的模型，我国当前所处的工业化中期阶段，正是改善和调整城乡关系的重要时期。这就需要坚持城乡统筹，改革调整现行财政资源和国民收入在城乡之间的分配格局，消除二元的不公平的公共分配结构，促进城乡协调发展。

其次，加大农业的财政投入，确保财政支农资金的稳定增长。近年来，虽然国家财政支农支出与以往相比得到了快速增长，但仍无法满足现行农业发展的需求，特别是在某些年份出现波动较大的现象。为此，在二元经济结构不断加剧的现阶段，公共财政投入应当坚持面向农村，扩大公共财政覆盖农村的广度，将对农业和农村的投入作为今后的重点投入方向，逐步提高财政支农资金比例，加大投入力度，逐步建立财政支农资金稳定增长的长效机制。

最后，优化财政支农资金结构。加大财政对农业的支持力度，加大投入固然重要，优化支农资金结构同样不容忽视。公共财政资金在农业方面的投入结构，体现了公共财政对农业的投入方向和投入重点，是财政支农政策体系的重要组成部分。不断优化财政支农资金结构，有效安排农业基础设施投资，重视农村人力资本质量，提高农业财政政策绩效，是提高公共财政农业投入效率的主要途径。

8.2　依据财政职能范围合理划分事权

在前文中，我们提到财政风险可以分为内生性风险和外生性风险。从政府财政行为的全过程分析，当前我国内生性财政，主要包括财政政策风险[①]、财政运行风险[②]、财政体制风险[③]。因此，需要依据财政职能范围，科学界定纵向的政府之间的事权。

8.2.1　确立事权和支出责任的总体框架

根据公共产品的属性及事权划分的一些原则性规定，应尽快形成事权划分的总体框架，为财政体制的法治化建设提供支撑。随着二元经济一元化的逐步推进，各级政府的事权划分和支出职责划分必须做出相应的调整，对财政职责范围重新界定。根据政府职能的分工层次和公共物品的层次性标准确立事权及支出责任的总体框架。这种总体框架包括资源配置、社会公平和经济稳定。在资源配置方面，各级政府提供的公共产品应该和辖区居民的收益对称。中央政府提供全国性公共产品，省级政府提供全省地方公共产品，以此类推，直至乡级政府提供乡级地方公共产品，同时对于受益外溢部分的成本由上级政府预算的转移支付解决。在社会公平方面，由于地方公共产品存在成本和收益外溢的情况，以及地方之间存在差

---

① 财政政策风险是指财政政策影响财政职能的履行可能导致的不利后果。
② 财政运行风险是指财政运行影响财政职能的履行可能导致的不利后果。
③ 财政体制风险是指处理不同级次政府之间财政关系而影响财政职能的履行可能导致的不利后果。

别性和流动性特点，地方政府无法保障这种公平，因此必然要求中央政府承担主要的社会公平职能。但是地方政府作为"地方差别性"的代表，也决定了地方政府承担了次要的社会公平职能。在经济稳定方面，由于中央政府掌握了宏观经济调控的政策工具并涉及地区间的资源配置和社会公平问题，因此稳定经济应该以中央政府为主。同时，基于地方流动性的有限性和财政支出是社会总需求的重要组成部分，也要求地方政府具有一定经济稳定的职能。总体而言，不同级次的政府所承担的侧重面有所不同：中央政府主要承担经济稳定和收入分配职能，但也承担少部分的资源配置职能。地方政府主要承担资源配置或者主要负责提供公共服务职能，但也承担少部分的经济稳定和收入分配职能。

8.2.2 进一步明确各级政府职能重心

第一，前文已经分析了中央政府主要负责全国性或者跨区域性的公共事务，地方政府则负责本辖区内有关社会和经济稳定与发展的公共事务。在二元经济一元化过程中，要优先明确农村传统养老保障功能弱化及失地农民社会保障、流动劳动力教育、农村隐形失业转为城市显性失业的就业等公共服务领域的事权划分。

第二，事权划分要尽量细化，并尽快着手设计各级政府事权明细单，同时明确各自承担的比例。1994 年的分税制财政体制改革较好地调动了中央和地方两个积极性，解决了"两个比重过低"① 的

---

① "两个比重过低"是指财政收入占 GDP 的比重和中央财政收入占全国财政收入的比重过低，两个比重反映出政府在国民收入初次分配中的吸取能力、中央与地方财政分配关系。

问题，奠定了现行中央与地方财政关系的基本架构。但是，1994 年改革的重点是在中央和省级政府之间划分收入，并未对省级以下各级政府的财政体制进行统一规定，各级政府的事权划分并不清晰。《预算法》虽然规定了地方政府的预算自主权，但仅原则性地划分了中央政府和地方政府之间的支出责任，对于省级以下各级政府之间的支出责任并没有得到明确划分，最终出现事权长期层层下移，导致最基础的和最基本的公共服务往往由层次较低、财力较弱以及供给能力较弱的基层政府提供。从而抑制了农村基本公共服务的供给，固化了二元经济结构。因此，事权划分要尽量细化，防止出现层层下移的现象。

第三，各级政府事权的划分，需要在明确事权整体归属及其在各级政府之间的整体框架，还要明确承担事权的支出、决策、管理、执行以及监督等具体任务。就中央和地方政府所处的位置和职能分工来说，高层次政府应当更多地承担涉及事权宏观调控、决策、监督的职能，同样也应更多地承担支出职能。低级别政府，特别是市、县、乡级政府应更多地承担具体事项的管理和执行职能。具体而言，中央政府承担全国性和跨区域性公共服务的支出责任，其职能重点应该在于制定各项法律、政策、标准等，同时对省级及以下政府的事权负有监督落实的责任。省级政府作为地方政府的最高级政府，不仅负有决策、监督的责任，而且负有本省地方公共服务的支出及相应管理责任。市县级政府则主要负有执行和管理及辖区内公共服务的供给。

8.2.3　充分发挥省级财政作用

省级政府作为地方最高级的政府，在中央政府和基层政府之间具有承上启下的作用。随着财政体制的改革，"省直管县"和"乡财县管"财政管理模式逐步推广，政府层级开始减少，中央、省、县三级财政管理体制框架初步明确，为明确财政体制的支出责任提供了基础。在这种新的财政管理模式下，省级政府的作用得到进一步增强，不仅将中央政府的转移支付的大部分拨付到基层政府，而且肩负着本区域内的宏观职能，还负有对市县等基层政府监督检查的职能。另外，由于相对于中央政府，更了解公共服务供给对象的偏好，且财力强于市县级财政，因此自然而然，省级政府需要承担统筹平衡财力和管理责任。综上所述，省级政府的职能主要包括地方部分公共服务的供给责任以及决策、监督、管理等。

20 世纪 80 年代，为了保证以经济建设为中心任务的落实，并考虑到当时行政辐射面积有限，需要中心城市对县乡进行管理，从而实行地改市、市管县体制。这种体制，避免了一地两府的矛盾，推动了中心城市的经济发展。但是，这种体制人为地强化了中心城市对县域经济的行政干预和人财物资源的配置，形成了城乡不合理的竞争态势，固化了城乡二元经济结构。

因此，现阶段的主要任务是，进一步推动"省直管县"和"乡财县管"财政管理体制，并充分发挥省级政府的作用。根据省级政府所处的地位，其作用与中央政府相比，突出表现在两个方面：一方面是在统筹考虑本地经济发展水平、自然条件、人口状态等因素下，加大科学、教育、文化、卫生、社会保障等公共服务的投入，推进省内基本公共服务均等化；另一方面是根据事权、财权划分的要求，平衡各地财力，弥补落后地区基层县乡政府财力不足。完善转移支付制度，提高转移支付中一般性转移支付所占比重和规模，建立财力困难的基层县乡财政保底机制。

8.2.4 推动事权划分的法治化规范化

财政压力及国家释放财政压力的途径决定了中国改革的路径和成效，财政涉及广泛的责权利关系，与经济社会的发展具有高度相关性。将财政制度作为经济绩效的影响因素，实际上也是将财政宪法的概念一般化，必须把财政宪法的变化视为半永久性的和长期的社会结构特征（Buchanan，1967/1987；Buchanan and Tullock，1962）。

1994 年推行的分税制财政体制改革，初步建立了符合市场经济要求的财政体制。在事权划分过程中，在宏观框架上明确了中央与地方政府之间事权划分的原则。但是由于政府之间事权划分的法律缺失，中央政府除了承担少数事权外，大多划分过于笼统，事权不断下移，进而在许多公共事务的承担上出现了一定程度的随意性和偶然性。

随着经济体制改革的深入，科学明确界定各级政府的事权，急不可待。特别是确定的形式，必须以法律形式加以规范。因此，事权划分的法治化是我国财政体制改革的必由之路。事权划分的法制化，一是在宪法层次上为事权的划分提供依据；二是以宪法原则为基础，制定专门法律，明确规定各级政府的权责利；三是考虑在《预算法》修订中对事权的划分进一步明确，以增强事权划分的刚性。

8.3 完善与事权相匹配的财权划分

防范财政风险，核心在于不断提高政府抗风险的能力。政府抗风险的能力和水平取决于两个因素：一是用于防范财政风险的公共资源，包括公共资源的大小和规模；二是对分布在政府各部门广泛存在的公共资源的整合能力，包括对公共资源的控制和利用。这种公共资源包括各种存量资源以及流量资源。存量资源主要包括各种自然资源、金融资产、实物资产等；流量资源主要包括各种税、费以及国有资产收益等。改革开放 30 多年来，我国经济规模一直保持较快的增长速度，对于一个中央集权型国家而言，政府缺少的实际上并不是公共资源，而是对公共资源的整合能力和水平。因此，增强政府抗击风险能力的关键是提高政府整合资源的能力。但是从目前的实际情况来看，由于缺乏完整的信息统计，后续的控制和利用、政府对公共资源的控制力水平和整合能力较低。因此，当务之急就是统计分布在各个部门的公共资源，然后对这些资源加以整合，最终提高公共资源的使用效益。

8.3.1　完善财权划分的总体框架

众所周知，财权是指政府为履行职能取得财政收入以及安排财政支出的财政权限（刘溶沧、李茂生，2002）。财权作为政府补充市场经济在初次分配中失灵的地方，履行第二次社会分配职能的重要手段。前文已经分析了各个级别的政府承担的职责以及侧重点都是不同的。这就要求政府必须以各级政府的事权为依据，科学合理地划分财权，建立完善的财力保障机制，为政府履行其职责提供物质保障。

1994 年，我国为适应市场经济的要求，根据事权和财权相结合的原则，实施分税制财政体制改革。与之配套的是，分别成立了国家税务局和地方税务局。国家税务局主要负责征收国家实施宏观调控、维护国家权益所必需的税种。同时国家税务局还负责征收同经济发展直接相关的税种，并按比例划拨给地方。而地方税务局主要负责征收有利于解决地方特殊问题和调动地方积极性的税种。

虽然中央与地方的财政关系几经变化，但集权与分权划分为中心的物质利益基础关系并未得到有效改善。因此，需要科学划分中央与地方的财政关系，解决现有体制存在的问题，调动中央和地方的两个积极性。改革的目标是，进一步深化分税制财政体制改革，建立与现代市场经济相适应的分税制财政体制，逐步向分税分级财政目标模式推进。

8.3.2 财权分配优化

财政体制改革，自然离不开财权分配的优化，即科学合理的"分权"问题。换言之，就是如何在各级政府间科学划分财政权限。但是科学划分财政权限，并不是简单地分割财政收入，即"分钱"。根据马克思主义原理理解中央和地方财权关系，就是理解整体利益和局部利益的关系。中央和地方政府的关系，不仅包括财政税收，而且包括政府资产所有权、大型项目的审批等方面的权力关系。当前之所以会产生许多地方政府的短期行为，很大程度上是因为中央与地方政府的财政关系尚未理顺，在事权与财权范围上仍然存在诸多的不确定性。

处理中央与地方关系的关键在于根据政府的职能来确定事权。在事权划分的基础上划分财权，使中央和地方的事权与财权相匹配或者对称。政府与市场的关系就是，"看得见的手"与"看不见的手"的关系。根据这一原则，我们可以得出的结论是：界定现代市场经济体系下政府职责范围的基本前提是判断是否存在"市场失灵"。正因为如此，政府矫正市场经济就存在了合法的理由。要矫正市场失灵，政府应涉足市场失灵的地方，主要表现在提供公共产品、解决信息不对称而导致的市场萎缩、解决垄断中存在的效率损失、解决因效率而产生的不公平以及发展中存在的经济波动。

而中央政府与地方政府在职能的划分上，一般而言，资源的有效配置，因公共产品的受益范围不同决定了提供的主体也相应不同。只有这样，才能调动供给主体的积极性。公共产品的受益范围越大，供给主体的政府层级越高。中央政府主要负责提供受益范围为全国性的或者跨区域性的公共产品，享受相应公共产品的所有社会成员承担相应成本并支付相应税收，相应的事权和财权收支权限也就应当归中央政府及其中央财政所有。地方政府主要负责提供受益范围为地方性的公共产品，并享受相应公共产品的地方区域社会成员承担相应成本并支付相应税收，相应的事权和财权等收支权限也就应当归地方政府及其地方财政所有。经济稳定的职能主要由中央政府履行，自然相应的财政收支权限应归中央政府及其中央财政所有；涉及地方经济稳定的职能则由地方政府履行，相应的财政收支权限应归地方政府负责。公平分配的职能，属于全国性的，自然主要由中央政府履行，相应的财政收支权限自然归中央政府负责。不可否认，地方政府在公平分配方面也有部分职责，同样也决定了地方政府应承担相应职责，履行相应财政支出，享受相应财权和财政收入。

因此，理顺中央和地方财权分配关系，必须重新合理划分承担相应事权而必需的税收，即合理划分中央税、地方税以及中央与地方共享税。划分的原则是，坚持有利于调动中央和地方的积极性，建立适应现代市场经济体制的分配关系。将有利于调动中央积极性税种划归中央，包括涉及宏观调控且对国民经济影响较大的；有利于调动地方积极性税种划归地方，包括与地方关系密切的、税源分散的；将税收收入虽然丰富但收入不稳定的税种或者征管难度较高的划分为中央与地方共享税。为保证地方有足够的财力履行职责，运用财政转移支付手段或者调整中央与地方共享税的分配比例。同时，合理界定中央与地方的税收管理权限。由于地方更了解当地实际，因此需要综合考虑地方在地方税管理方面的优势，适当下放地方税管理权限，调动地方积极性，促进地方经济发展。

8.3.3 税制简化

所谓简化税制，包括税率档次的简化、税收优惠的减少和征纳程序的简单化。涉及税收征纳双方关系的一个重要问题就是税制的繁简。从纳税人方分析，税制的简化、明确，有利于降低税收遵从成本，方便生产和经营。从征税方分析，税收简化、明确，有利于提高税务行政管理效率，精兵简政和降低税收征收成本。因此，简化税制是征纳双方的共同诉求。这不仅可以大大减少税收成本、提高征税效率，而且可以充分实现税收职能。从外延上看，简化税制就是要扩大征收范围，使税收尽量保持中性原则，减少税收流失，增加财政收入，减少资源配置的逆向调节作用。从内涵上看，就是降低税率和减少税收优惠，而后者尤为重要。

由于当前的税收优惠法律层次低，甚至在一定意义上，当前的税收优惠根本不属于法律文件而仅是行政命令，并且税收优惠透明度低。因此，一些地方政府和财税部门滥用减免规定，通过税收返还等方式变相免税，扩大税收优惠范围，延长优惠期限，有意和无意地制造"税收洼地"。通过这些税收优惠方面的恶性竞争，加大招商引资力度，由此造成的不利影响包括：一是割裂各地税收政策的统一性，不利于全国统一市场的形成；二是当前大量区域税收优惠集中在经济特区、沿海开放城市、经济技术开发区等地，虽然在促进东南沿海地区经济发展和吸引外资方面发挥了重要作用，但也出现了经济实力与纳税能力不相一致的现象①，加剧了我国地区间的二元经济现象；三是形成的漏洞也损害了政府的财政收入，加大了公共财政风险。

因此，必须按照十八届三中全会提出的加强对税收优惠特别是区域税收优惠政策规范管理的要求，全面清理税收优惠政策，明确优惠政策期限，严禁各种越权减免。这样可以改变地方政府的短期行为，改变地方政府的激励机制，通过提供优质的基础设施等市场环境以及提高政府部门服务效率吸引投资，减少短期投机行为增加长期投资。但是需要强调的是，这种税收优惠的前提，并不是脱离实际的通过一味追求合并税种使税制简单化。

---

① 例如，张涛、张波通过计算发现东南沿海地区经济相对发达的省份，宏观税负相对较低，而中西部地区经济相对落后的省份，宏观税负却相对较高。详见张涛、张波《浅析我国"二元经济"现象的税制原因》，《税务研究》2002 年第 2 期。

8.3.4 完善征管机制

8.3.4.1 合理设置机构和划分机构权限

为适应 1994 年实施的分税制财政体制改革,在税收征管权限方面,根据税种的征管权限,将税务部门划分为国家税务局和地方税务局两个系统。国家税务局和地方税务局按照新的征管模式的要求,为实现征、管、查分离的要求,分别成立了办税服务大厅和稽查局。但是从税收成本的角度考虑,成本明显加大。同时,根据税务系统信息化建设的要求,整合和规范税收业务,按照一体化、标准化建设的思想,实现信息的集中和共享。虽然目前国家税务系统和地方税务系统已经基本上实现了这个目标,但是由于信息不对称,国家税务局和地方税务局仍然存在税收征管漏洞。因此建议:在原税务系统管理体制下,整合现有国家税务系统和地方税务系统征收机构,成立一个统一的征收机构负责。同时,信息化建设工作也由国地税共同成立的部门负责。

8.3.4.2 完善税收管理员制度

完善税收管理员制度,有效实施税收监控。针对"重管事、轻管户",税源不清和偏重计划管理,通过完善税收管理员制度进行解决。建议:进一步完善税收管理员信息平台,提高税收管理主动性;扩展征管信息系统功能,加强与纳税人网上连接沟通;合理配备人员,细化管户、管事要求;加大税收管理员培训力度,加快基层硬件建设;科学考核选拔,稳定税收管理员队伍。

8.3.4.3 健全税收服务体系

优化税收服务广度和深度,健全税收服务体系。完善办税服务厅的功能，实行推广流行的"一站式"服务，拓展"一站式"服务内容。丰富税收宣传内容，创新税收宣传形式，建立定期召开税收信息发布会制度，为纳税人提供有效的税法信息、纳税指南，提高纳税遵从度。

8.3.4.4　加快信息化建设

加快信息化建设，就是要求在税收征管中，充分利用现代信息技术，减少重复投资和人力、财力浪费，开发全国税务系统能够基本通用、重要数据能够完全通用的征管软件，实现信息资源的共享。信息资源的共享，不仅要求在国家税务局和地方税务局内共享，而且要求与国库、银行、工商部门共享，甚至不涉及机密的数据，还应与纳税人共享，使纳税人了解税收的基本情况。

8.3.4.5　强化考核

强化考核，落实责任，促进执法水平和征管质量的提高。确定税务部门各项工作的程序及相联系的规范，制定统一的工作及征管质量考核制度，明确各岗位、各项工作、各环节的量化、细化指标，作为考核依据。将纳税人纳税评价引入税务机关内部，提高征管质量，规范执法行为。

8.4　建立与事权相匹配的财力保障机制

依据政府职能范围划分事权是合理划分财权、财力的基础。作为保障事权履行的两个手段，财权与财力经常出现不一致的情况。一般而言，财权越大，财力就越大。但是财力情况受制于本级政府辖区范围内财政资源的丰富程度。特别是对于经济落后的广大农村地区，即使拥有相同财权，其财力也是十分有限的。我国疆域辽阔，各地经济发展条件和能力是不一样的，地区间的资源要素禀赋差距大，即使赋予了与事权相匹配的财权，财力大小也是不一样的。如果缺乏与事权相匹配的财力保障机制，容易导致地方进行掠夺式开发，生态环境得到破坏，公共服务供给能力弱化。因此，有必要适当下放财权，完善地方税制体系。完善转移支付制度，促进财力与事权相匹配的实现。

8.4.1 完善地方税体系

一是在原有分税制财政体制改革的基础上，加快构建和完善地方税体系，是重新审视中央和地方财政关系的理性选择，也是全面深化财税体制改革的要求。将地方税源涵养和地方税增长紧密联系起来，有利于调动地方积极性，促进地方财政收入的稳定增长。二是降低地方对中央转移支付的依赖，增强地方政府债务的风险管控意识，有利于降低地方财政风险。三是由于地缘优势，地方政府相对而言更了解本地居民公共服务的偏好，有利于提高地方公共产品供给的有效性。四是考虑到税收受益原则，地方税相对于转移支付，在公共服务供给方面更具效率。由于仅靠单一的税种无法满足地方公共服务供给的财力需要，因此必须构建多重地方主体税种体系。

（1）加快资源税改革。一是扩大资源税征收范围，做到应征尽征。将一些尚未征税但已经大规模开采并取得经济效益的资源以及开采利用价值较高的资源纳入资源税征收范围。二是将收费形式的资源，改为征收资源税。三是适当提高资源税税率，改变目前资源税税负水平偏低的状况，提高资源税在资源价格中的比重，缓解日益严重的资源短缺和环境污染问题，调节企业行为扩大垄断企业利润分配范围。四是合理调节资源级差收入，促使开采企业公平竞争，改变传统的从量定额征收方式，调整为从价定率和从量定额复合征收方式。五是在促进资源合理开发高效利用和环境保护的同时，增加地方政府特别是中西部具有资源比较优势而经济欠发达地区的税收收入。

（2）调整消费税征收制度。一是把消费税培育成地方主体税种之一，增强对消费和提高居民收入的激励，削弱地方政府对投资生产环节的热情。二是扩大征税范围。增加消费税税目，将对环境有污染的、对身体有伤害的、资源不可再生的以及高档消费品和消费行为等项目纳入消费税征税范围。三是调整税率设计。四是改革征税环节。尽量将能够放在消费环节征收的税费放在消费环节征收，调节消费结构和消费行为，降低企业的生产成本。

（3）推进房产税改革。一是合并、扩大，设立统一的物业税，将现行房产税、城市房地产税和耕地占用税合并起来统一征收，同时取消城镇土地使用税、土地增值税，但对于其他收费，需要根据其性质，将具有税收性质的收费（包括由土地开发商所缴纳的税费、土地出让金等）并入房产税征收范围，但不能将所有收费都并入征收范围。征收范围不仅包含经营性房地产，而且包括非经营性房地产。同时，对于城镇和农村地区而言，暂时只对城镇和工矿区房地产征税，待条件成熟时再扩大到农村。二是房产税应按实际价值从价计征。三是根据类型和用途，采用差别税率。四是开征统一的房产税，完善相关的配套措施。

（4）适时开征环境保护税。开征环境保护税并划为地方税收收入，既能为地方治理环境筹集财政资金，也能深化企业和居民的环保意识。确定征税范围，科学设计税率，整合相关税费。

（5）改变车辆购置税收入归属。车辆购置税设立的初衷是建设公路交通、保护民族工业、调节收入差别，用于中央预算调节基金和基础设施建设，并将车辆购置税划归中央。但由于时代的变迁和环境的变化，车辆购置税的弊端不断显现。目前国内一方面出现大举招商汽车项目，另一方面又出现汽车限购的怪现象，其根本原因就在于地方税收收入主要来源于工业项目，以及生产过程中税收偏重、消费环节税收偏轻的原因。考虑到车辆已经从过去少数人的奢侈品转变为现在多数民众生活中的必需品，建议将车辆购置税划入地方税，以便地方组织更多的财政收入，实现治理环境污染、降低能耗的目的以及治理地方重招商轻消费的现象。另外需要整合相关税费。

8.4.2 完善转移支付制度

目前理论界一致认为，基于基本公共服务均等化的目标，地方税体系无法满足均等化的基本公共服务供给，还离不开中央对地方转移支付制度。理论上，建立健全中央对地方的转移支付制度的目的包括：一是有利于保证地方税的低增长；二是有利于解决地区之间的横向公平；三是鼓励地方政府提供收益外溢的公共产品的提供；四是高层级政府和低层级政府的事权和财权不对称。因此，高层级政府需要通过转移支付制度，改善纵向财政的财力平衡，建立与事权相匹配的财力保障机制。这就要求，加快财政转移支付制度法律法规的制定和完善，优化转移支付结构，逐步扩大均等化转移支付作用。

8.5　建立财政风险预警防范机制

财政作为一个以国家为主体的经济行为，通过组织财政收入用于满足社会公共需要的收支活动，以达到优化资源配置、收入公平分配及经济稳定和发展，直接关系到国民经济的稳定、健康发展。然而，目前我国财政运行过程中面临的各类公共风险越来越引起理论界和实际操作部门的关注，理论界也正在研究财政风险的化解和防范。财政风险越大，说明国家机器正常运转遭受损害的可能性也就越大。财政风险不仅是财政部门本身的债务风险，而且是政府的风险。这就要求我们建立一套相应的风险预警及防范机制，实现风险管理的规范化和制度化。

8.5.1　财政风险防范内容

8.5.1.1　以公共债务风险为核心

正如前文所述，财政风险是指政府履行其义务和应承担的支出责任超出了拥有的公共资源，导致经济社会的稳定与发展可能受到损害。正如前文所分析，财政风险是经济风险、社会风险、政治风险和自然风险等各类"公共"风险在财政领域的集中体现。具体而言，影响财政风险的因素主要有制度环境、政策环境、政治环境、经济环境、社会环境等。而政治风险、经济风险、社会风险、自然风险等各类"公共"风险与财政的资源配

置、收入再分配、稳定经济职能有着千丝万缕的联系。这不仅仅
是因为政府掌握着公共资源，所以必然要求政府履行公共职责，
还是因为政府作为"公共"的代表而履行财政职责。特别是随着
现代市场经济的高度发展，社会分工越来越专、越来越细，各类
政治风险、经济风险、社会风险和自然风险越来越多地转化为公
共风险，导致政府承担的风险范围越来越大。政府在承担这些风
险的过程中，最终表现为对即期、近期、中期、远期的现实或潜
在的资金需求。如果即期财政收入无法解决即期承担风险所需资
金，就只能通过近期、中期、远期财政收入转化为即期财政收
入。具体形式则为，发行公债或借贷等各种融资。因为在即期内
政府是无法通过税收形式进行融资。值得注意的是，公共债务风
险恰好对财政风险的影响是最直接的。因此，财政风险预警防范
的核心是公共债务风险。

公共债务风险作为财政风险预警及防范的核心，地方政府财
政风险预警防范尤为重要。虽然 2014 年对 1994 年颁布的《预算
法》做了修订，允许地方政府发行债券，但由于长期以来的大量
融资所产生的地方政府债务，并由此产生的巨大风险已经发生。
甚至在某些局部地区，地方政府债务风险早已有所表现。如果不
能及时防范和化解，这些地方政府债务风险，最终将会通过各种
方式转嫁给中央政府。这种转嫁方式，虽然降低了地方债务风
险，但是转嫁给了中央政府。从本质上而言，这些风险并没有得
到妥善解决，在一定时期内它将严重威胁国民经济健康发展和社
会稳定。为了避免"风险大锅饭"出现的各种消极影响，中央政
府近年来已对地方政府债务的化解做了相关要求，明确地方政府

是化解地方债务第一责任主体，并督促地方政府化解地方债务。今后化解地方政府债务的方向和重点应该是：中央和地方政府协同构建立足于预警和防范财政风险的机制，并深化相关财税体制改革。

8.5.1.2 以经济、社会等风险为补充

虽然政治、经济、自然、社会等风险属于财政风险的影响因素，但这些风险有些能直接影响到公共债务风险，有些只能间接地对公共债务风险产生冲击。这种冲击是否形成公共债务风险，还取决于这种风险的大小和影响程度。而这种间接影响决定了其对财政风险产生的非即期效应。但是对于某些影响较大、范围较广、程度较深的即期发生的风险而言，对财政风险产生非即期效应，从而形成一个即期发生非即期效应的矛盾。换言之，如果某类风险发生时，虽然不能立刻对公共债务风险产生影响，但如果不加以预警和采取措施，它将影响到政府的整个信用甚至政权的稳定。因此，在重点防范公共债务风险的同时，还需要对政治、经济、社会、文化等风险加以补充进行防范。

8.5.2 加强风险预测

加强风险预测的目的是根据财政风险状况做出及时的预测。在预测的基础上，构建符合财政风险状况的风险预警系统、风险防范以及化解机制，最终实现财政风险管理的科学化、系统化以及规范化。具体而言，科学的财政风险预警机制应包括四个方面的功能。一是实时监控功能。也就是通过对财政风险的地区结构、项目结构采取实时监控，并对财政风险的变动趋势做出客观、全面、准确的

分析评价。二是预警功能。也就是通过建立一套完备的监控指标体系以及判别标准，实现财政风险的预警。三是风险防范功能。也就是根据风险的预警，提前做好风险的防范，尽量降低公共风险发生的可能性。同时，对已经发生的公共风险尽量降低其负面影响。四是风险预算功能或风险化解功能。也就是根据项目风险或风险指标的参数、风险发生的概率以及对财政风险产生的影响，进行预算安排，确定未来财政风险对资金的支出需求，形成一个长期的、滚动的财政风险防范资金预算安排。

8.5.3   建立风险管理机制

打破"风险大锅饭"，建立风险责任机制，使每一级政府、每一个部门都有明确的风险责任，建立风险责任约束机制，明确各级政府、各个部门的风险责任，形成一种具有法律效力的风险分担机制，减少风险的集中和积聚，使各类风险在各个层次和各个环节得到有效化解，最终达到控制财政风险的目的。同时，在明确政府事权、财权、财力的基础上，重新审视上下级政府、政府与部门之间的财政关系，明确各部门的风险责任，打破"风险大锅饭"。建立财政风险预算，一方面为预警债务风险做好基础，另一方面提高政府债务透明度。建立新的评价机制，动态评估财政风险，通过一定的技术手段，使隐形风险显性化，同时防止即期风险转变为未来风险。

债务的存在都是在一定历史条件下形成的，在经济社会发展中发挥了积极的作用。防范财政风险，需要客观看待债务，不是债务规模越小越好，而是要控制在一定范围内，使财务杠杆的原理得到充分体现。特别是在已有债务存量难以缩减的情况下，只要保持债务的合理增速，不超过经济增长速度，财政风险就会逐渐下降。随着经济的不断发展，财政风险自然趋向收敛。因此，现阶段防范财政风险的重点不是将公共债务降低为零，而是在未来各种不确定性因素下，做出一个科学合理的制度安排，使债务规模在合理的可控范围内。

结　语

作为世界上最大的发展中国家，中国为了遵循"效率优先、兼顾公平"的发展思路，在财政税收体制上做了相应的制度安排。这种制度安排，将各种生产要素倾斜于效率较高的城市或者工业部门，并取得了中国式的经济增长奇迹。但伴随着这种制度安排，也产生了相应的副作用，即二元经济结构。虽然根据库兹涅茨倒 U 形曲线关系，在经济发展过程中二元经济结构的强化，属于正常现象，但库兹涅茨倒 U 形曲线同时也描述了收入不均现象会随着经济增长先升后降。目前中国二元经济结构特征较为显著，且整体上仍呈现上升的趋势。如果这种上升趋势得不到较好的遏制，将影响到整个国家的公平，甚至将产生效率问题。从某种意义上而言，这种二元经济一元化进程的滞后，是直接制约经济社会协调发展的一个"短板性"因素。

二元经济结构一元化是实现经济发展、构建和谐社会的内在要求。经济发展强调的是效率，构建和谐社会强调的是公平。因此，二元经济结构一元化不仅是"效率"的要求，而且是"公平"的要求。要满足这两点，必须使二元经济结构出现"后降"现象。在现代市场经济体制下，市场的优点是根据市场规则配置资源、市场竞争实现效益最大化和效率最优化。显然，面对公平问题，市场是无能为力的。因此，这就决定了二元经济一元化需要国家的宏观调控。

国家宏观调控，就是要妥善处理好政府与市场的关系，充分发挥市场和政府的优势，扬长避短。面对市场发挥作用的领域，消除相关制度障碍，充分发挥市场作用。面对市场失灵的领域，通过财税体制改革妥善解决这一难题。当前，市场发挥作用的领域，存在的制度障碍主要表现在户籍制度限制了劳动力自由流动、农村金融体系不健全限制了资本的自由流动、土地制度限制了土地的自由交易。因此，政府有必要取消户籍制度、完善农村金融体系，鼓励农村集体土地流转，从而构建城乡统一的劳动力、资本、土地市场，充分发挥市场的资源配置作用。同时，通过构建城乡基本公共服务均等化、改革财税体制，充分发挥政府的作用。

不可否认，任何制度的改革，都有积极作用，但也会产生相应的改革成本或改革风险。因此，在农村剩余劳动力转移、城镇化和土地集约化经营过程中，自然会产生各类风险，包括政治、经济、社会、公共债务风险等。特别是在当前公共债务风险较为突出的背景下，各类风险对公共债务风险产生一定的影响，包括积极影响和消极影响。由于财政具有"公共"的性质，或者因为公共财政职能范围，决定了财政对这些风险具有"兜底"的作用，从而形成公共财政风险。

面对公共财政风险，我们必须做好相应防范措施。第一，正确处理政府与市场的关系。第二，根据政府职能范围，科学划分各级政府的事权。第三，在事权划分的基础上科学划分财权。第四，建立与事权相匹配的财力保障机制。第五，建立科学完善的财政风险预警防范机制。

　　最后，由于笔者在理论知识和实践经验等方面还存在一定程度上的不足，得出的结论和建议不一定完全吻合当前实际。因此，二元经济一元化过程中的财政风险研究，还需进一步深入的探讨和研究。

参考文献

Abell, J. , "Twin Deficits during the 1980s: Empirical Investigation," *An Journal of Macroeconomics*, 1990, (12).

Akai, N. , Sato, M. , "Soft Budgets and Local Borrowing Regulation in a Dynamic Decentralized Leadership Model with Saving and Free Mobility ," Working Paper, Institut d'Economia de Barcelona (IEB), 2009/20.

Banerjee, Abhijit V. and Esther Duflo, "Growth Theory through the Lens of Development Economics," in Philippe Aghion, and Steven N. Durlauf, eds. , *Handbook of Economic Growth*, Vol. 1A (North – Holland, 2005).

Bardhan, P. , Udry, C. , *Development Microeconomics* (Oxford University Press, 1999).

Barro, "Reply to Feldstein and Buchanan," *Journal of Political Economy*, 1976, 84.

Barro, Robert J. and Sala – i – Martin, Xavier, "Convergence," *Journal of Political Economy*, 1992, 100 (2).

Barro, Robert J. , "Are Government Bonds Net Wealth?" *Journal of Political Economy*, 1974, 8（6）.

Barro, Robert J. , "The Ricardian Approach to Budget Deficits. " *Journal of Economic Perspectives*, 1989, 3（2）.

Bartelsman, E. , Haltiwanger, J. and Scarpetta, S. , " Cross – country Differences in Productivity: The Role of Allocative Efficiency," Mimeo, 2008.

Beck, T. , Demirguc – Kunt, A. and Levine, R. , "Bank Supervision and Corporate Finance," World Bank Policy Research, Working Paper 3042.

Benjamin, M. Friedman and Kennerh. N. Kuttner, "Money, Income, Prices, and Interest Rates," *American Economic Review*, 1992, 82.

Benjamin, N. Dennis and Talan Iscan, "Agricultural Distortions, Structural Change, and Economic Growth: A Cross – Country Analysis," Department of Economics at Dalhousie University Working Papers Archive Distort35, Dalhousie, Department of Economics, 2007.

Bienvenido, O. Jr. , "Local Government and Civil Society 2008 Seminar," Friedrich Naumann Foundation Report, November 24, 2008.

Boeke, J. H. , *Economics and Economic Policy of Dual Societies as Exemplified by Indonesia* (New York: Institute of Pacific Relations, 1953).

Buchanan, James M. and Gordon Tullock, *The Calculus of Consent. Logical Foundations of Constitutional Democracy* (University of Michigan Press, 1962).

Buchanan James M. , *Public Finance in Democratic Process*：*Fiscal Institutions and Individual Choice* （The University of North Carolina Press, 1976/1987）.

Buera, Francisco J. , Joseph Kaboski, and Yongseok Shin, "Finance and Development：A Tale of Two Sectors," *American Economic Review*, 2011, 101 (5).

Camara Neto, A. F. and M. Vernengo, "Fiscal Policy and the Washington Consensus：A Post Keynesian Perspective," Working Paper 9932, 2004.

Caselli, Francesco, "Accounting for Cross – country Income Differences," in Philippe Aghion, and Steven N. Durlauf, eds. , *Handbook of Economic Growth*, Vol. 1A （North – Holland, 2005）.

Clarida, R. and J. Prendergast, "Fiscal Stance and the Real Exchange：Some Empirical Evidence," NBER Working Paper, No. 7077, 1999.

Clarida, R. and M. Gali, "Sources of Real Exchange Rate Fluctuations：How Important are Nominal Shocks," *Carnegie – Rochester Serieson Public Policy*, 1994, 41.

Damill, M. , Frenkel, R. and Maurizio, R. , " Políticas macroeconómicas y vulnerabilidad social：la Argentina en los años noventa," *Financiamiento Para El Desarrollo*, 2003.

Darby, "Some Unpleasant Monetarist Arithmetic," *Federal Reserve Bank of Minnepolis Quarterly Review*, 1984, 23.

Darrat, A. F. , "Have large budget Deficits Caused Rising Trade

Deficits," *Southern Economic Journal*, 1988, 55.

Dong, Xiao Yuan, "Two Tier Land Tenure System and Sustained Economic Growth in Post : 1978 Rural China," *World Development*, 1996, 24 (5).

Easterly W, Fischer S. "The Economic of the Government Budget Constraint," *World Bank Research Observer*, 1990, 5.

Echevarria, C., "Changes in Sectoral Composition Associated with Economic Growth," *International Economic Review*, 1997, 38 (2).

Evans, P. and Hasan, I., "Are Consumers Ricardian? Evidence for Canada," *The Quarterly Review of Economics and Finance*, 1994, 34 (1) Spring.

Fei, John C. H. and Ranis, G., "Development of the Labor Surplus Economy," *Theory and Policy*, 1964.

Foellmi, R. and Zweimüller, J., "Structural Change, Engel's Consumption Cycles and Kaldor's Facts of Economic Growth," *Journal of Monetary Economics*, 2008, 55 (7).

Friedmann, J., *China's Urban Transition* (Minneapolis University of Minnesota Press, 2005).

Giannaros, Kolluri, "Inflation Stabilization and BOP Crises in Developing Countries," Working Paper, 1985.

Hackbart, Merl M. and Leigland, J., "State Debt Management Policy: A National Survey," *Public Budgeting & Finance*, 1990, 10 (1).

Hanahan, Klingebiel, "Banking Crises in Emerging Markets: Presumptions and Evidence," Institute for Business and Economic Research,

UC Berkeley, 2000, (8).

Hana Polackova Brixi and Allen Schick, eds. , *Government at Risk*: *Contingent Liabilities and Fiscal Risk* (World Bank and Oxford University Press, 2002).

Hana Polackova Brixi and Ashoka Mody, "Dealing with Government Fiscal Risk: An Overview" in *Government at Risk*: *Contingent Liabilities and Fiscal Risk* (New York: Oxford University Press, 2002).

Hana Polackova Brixi, "Contingent Government Liabilities: A Hidden Risk for Fiscal Stability," Policy Research Working Paper, 1998.

Harris J. R, Todaro M. P. , "Migration, Unemployment and Development: A Two – Sector Analysis," *American Economic Review*, 1970, 60 (1).

Harvey, D. , *The Urbanization of Capital*: *Studies in the History and Theory of Capitalist Urbanization*, (Basil Blackwell, 1985).

Haug, A. , "Cointegration and Government Borrowing Constraints: Evidence for the United States," *Journal of Business and Economic Statistics*, 1991 (9).

Hildreth W. Barley and Miller Gerald J. , "Debt and the Local Economy: Problems in Benchmarking Local Government Debt Affordability," *Public Budgeting & Finance*, 2002 (4).

Islam, M. Faizul and Hasan, Mohammad S. , "The Macroeconomic Effects of Government Debt on Capital Formation in the United States: An Empirical Investigation," *Manchester School*, 2007, 75 (5).

Jack Rabin, W. , *Bartley Hildreth and Gerald J. Miller, Handbook of*

Public Administration (New York: Marcel Dek – kef, 1989).

Jeong, Hyeok and Townsend, Robert M., "Sources of TFP Growth: Occupational Choice and Financial Deepening," *Economic Theory*, 2007, 32 (1).

Jorgensen, D. W., "The Development of A Dual Economy," *Economic Journal*, 1961, 71 (282).

Jorgenson, D. W., "Surplus Agricultural Labor and the Development of a Dual Economy," *Oxford Economic Papers*, 1967, 18 (3).

Kanbur R. and Rapoport H., "Migration Selectivity and the Evolution of Spatial Inequality." *Journal of Economic Geography*, 2005 (5).

Kaufmann, S., Scharler, J. and Winckler, G., "The Austrian Current Account Deficit: Driven by Twin Deficits or by Intertemporal Expenditure Allocation?" *Empirical Economics*, 2002 (27).

Kongsamut, P., Rebelo, S. and Xie, D., "Beyond Balanced Growth," *Review of Economic Studies*, 2001, 68 (4).

Krol, R., "A Survey of the Impact of Budget Rules on State Taxation, Spending, and Debt," *CATO Journal*, 1997, 16 (3).

Kung, J. K., "Egalitarianism, Subsistence Provision and Work Incentives in China's Agricultural Collectives," *World Development*, 1994, 22 (2).

Leachman, L. L. and Francis, B., "Twin Deficits: Apparition or Reality?" *Applied Economics*, 2002, 34.

Levine R. Finance, "Regulation and Inclusive Growth," *Sourceoecd Social Issues/Migration/Health*, 2011 (23).

Lewis, W. Arthur, "Economic Development with Unlimited Supplies of Labor," *Manchester School of Economic and Social Studies*, 1954, 22 (2).

Lin, J., Wang, G. and Zhao, Y., "Regional Inequality and Labor Transfers in China," *Economic Development and Cultural Change*, 2004, 52 (3).

Michael P. Todaro, "A Model of Labor Migration and Urban Unemployment in Less Developed Countries," *American Economic Review*, 1969, 59 (1).

Michael P. Todaro, *Economic Development in the Third World*, Fourth Edition (New York and London: Longman Inc., 1989).

Miller, S. M. and Russek, F. S., "Are the Twin Deficits Really Related?" *Contemporary Policy Issues*, 1989 (7).

Munir A. S. C. and Amar K. P., "Budget Deficit and Inflation: the Peruvian Experience," *Applied Economics*, 1991, 23 (6).

Nicholson, W., "The Evolution of Unemployment Insurance in the United States," *Comparative Labor Law & Policy Journal*, 2008, 30.

Nobuo Akai and Motohiro Sato, "Soft Budgets and Local Borrowing Regulation in A Dynamic Decentralized Leadership Model with Saving and Free Mobility," Working Papers Institut d'Economia de Barcelona (IEB), 2009.

Oudiz, G., Sachs, J., "International Policy Coordination in Dynamic Macroeconomic Models," *Social Science Electronic Publishing*, 1984.

Piersanti, G., "Current Account Dynamics and Ex – pected Future

Budget Deficits: Some International Evidence," *Journal of International Money and Finance*, 2000, 19.

Restuccia, Diego and Rogerson, Richard, "Policy Distortions and Aggregate Productivity with Heterogeneous Plants," *Review of Economic Dynamics*, 2008, 11 (4).

Rose, A. K., "The Role of Exchange Rate in A Popular Model of International Trade: Does the Marshall – Lerner Condition Hold?" *Journal of International Economics*, 1991, 30.

Sargent, Wallace, "Some Unpleasant Monetarist Arithmetic," *Federal Reserve Bank of Minnepolis Quarterly Review*, 1981 (5).

Scott, J., *The Moral Economy of the Peasant* (Yale University Press, 1977).

Selowsky, M., "Fiscal Deficits and the Quality of Fiscal Adjustment," in The European Commission and the World Bank, eds., *European Union Accession: The Challenges for Public Liability Management in Central Europe* (Washington D. C.: WB. 1998).

Shi, Xinzheng, "Empirical Research on Urban – Rural Income Differentials: the Case of China," Frothing – coming, CCER, Beijing University, 2002.

Skeldon, Ronald, "Ageing of Rural Populations in South – East and East Asia," Rome: FAO/SDWP, http://www. fao. org, 1999.

Smith, Gregor W. , Stanley E. Zin, "Persistent Deficits and the Market Value of Government Debt," *Journal of Applied Econometrics*,

1991 (6).

Taylor, A. and Williamson, J. , "Capital Flows to the New World as An Intergenerational Transfer," *Journal of Political Economy*, 1994, 102 (2).

Temple, J. R. W. , "Aggregate Production Functions and Growth Economics," *International Review of Applied Economics*, 2006, 20 (3).

Temple, J. R. W. , "Dual Economy Models: A Primer for Growth Economists," *The Manchester School*, 2005, 73 (4).

Temple, J. , "The Debt/Tax Choice in the Financing of State and Local Capital Expenditure," *Journal of Regional Science*, 1994, 34.

Ter – Minassian, T. and Craig, J. , "Control of Subnational Government Borrowing," in *Fiscal Federalism in Theory and Practice*, 1997.

Trehan, B. and Walsh, C. E. , "Common Trends, the Government Budget Constraint & Revenue Smoothing," *Journal of Economic Dynamics & Control*, 1988, 12.

Trehan, B. and Walsh, C. E. , "Testing Intertemporal Budget Constraints: Theory and Applications to U. S. Federal Budget and Current Account Deficits," *Journal of Money, Credit and Banking*, 1991, 23 (2).

Uribe, M. , "A Fiscal Theory of Sovereign Risk," European Central Bank Working Paper, 2002.

Vamvoukas, G. A. , "The Twin Deficits Phenomenon: Evidence from Greece," *Applied Economics*, 1999, 31.

Vollrath, D. , "How Important Are Dual Economy Effects for Aggregate Productivity," *Journal of Development Economics*, 2009, 88（2）.

Wilcox, D., "The Sustainability of Government Deficits: Implications of the Present – Value Borrowing Constraints," *Journal of Mooney Credit and Banking*, 1989, 21.

Wilson, P., "Exchange Rate and the Trade Balance for Dynamic Asian Economics: Does the J – Curve Exit for Singapore, Malaysia and Korea?" *Open Economics Reviews*, 2001（12）.

〔美〕D. 盖尔·约翰逊:《经济发展中的农业、农村、农民问题》(中译本), 林毅夫、赵耀辉编译, 商务印书馆, 2004。

〔美〕Thodore W. Schults: 《制度与人的经济价值的不断提高》, 载《财产权利与制度变迁——产权与新制度学派译文集》, 上海三联书店, 1991。

〔美〕阿瑟·刘易斯编著《二元经济论》, 施炜、谢兵、苏玉宏译, 北京经济学院出版社, 1989。

〔美〕迈克尔·P. 托达罗:《经济发展与第三世界》, 中国经济出版社, 1992。

〔美〕米尔顿·弗里德曼:《财政赤字与物价上涨》,《世界经济译丛》1982 年第 3 期。

〔美〕帕伯罗·E. 圭多提、曼摩汉·S. 库莫:《负债国家的国内公共债务》, 中国金融出版社, 1993。

〔美〕钱纳里、〔以〕赛尔昆:《发展的形式 1950 ~ 1970》, 李新华等译, 经济科学出版社, 1988。

〔美〕托达罗:《第三世界的经济发展》(中译本), 于同申等译, 中国人民大学出版社, 1991。

〔德〕约翰·冯·杜能：《孤立国同农业和国民经济的关系》，吴衡康译，商务印书馆，1997。

安春明：《关于地方政府债务风险生成机理的探讨》，《社会科学战线》2009年第2期。

敖荣军：《劳动力区际流动与地区经济增长差距研究综述》，载《湖北省地理学会2005年学术年会文集》，2005。

蔡波、陈昭玖、翁贞林：《粮食主产区农村劳动力转移对农业及粮食生产影响的调研分析：以江西为例》，《江西农业大学学报》（社会科学版）2008年第4期。

蔡昉、都阳：《加快城市化进程启动城乡消费》，《会计之友》1999年第12期。

蔡昉、杨涛：《城乡收入差距的政治经济学》，《中国社会科学》2000年第4期。

蔡昉：《制度、趋同与人文发展：区域发展和区域开发战略思考》，中国人民大学出版社，2002。

蔡思复：《城市化是克服市场需求不足的根本途径》，《中南财经大学学报》1999年第5期。

曹利平：《农村劳动力流动、土地流转与农业规模化经营研究：以河南省固始县为例》，《经济经纬》2009年第4期。

曹信邦、裴育、欧阳华生：《经济发达地区基层地方政府债务问题实证分析》，《财贸经济》2005年第10期。

陈共：《积极财政政策及其财政风险》，中国人民大学出版社，2003。

陈君武：《农村劳动力转移就业社会风险及防范》，《湖南社会科学》2009 年第 5 期。

陈锡文、韩俊：《如何推进农民土地使用权合理流转》，《学习与研究》2002 年第 6 期。

陈先运：《农村剩余劳动力测算方法研究》，《统计研究》2004 年第 2 期。

丛明、何哲一：《政府风险若干问题分析》，《经济研究参考》2001 年第 26 期。

丛树海：《财政扩张风险与控制》，商务印书馆，2005。

丛树海、李生祥：《我国财政风险指数预警方法的研究》，《财贸经济》2004 年第 6 期。

丛树海、郑春荣：《国家资产负债表：衡量财政状况的补充形式》，《财政研究》2002 年第 1 期。

崔翔：《论城镇化进程的资本逻辑与空间生产》，《人民论坛》2014 年第 13 期。

崔治文、刘丽、周世香：《地方政府债务风险的形成机理与规避》，《会计之友》2012 年第 8 期。

单大栋、袁庆海、潘虹：《当前我国财政风险的主要问题及对策》，《宏观经济研究》2005 年第 8 期。

段平忠、刘传江：《人口流动对经济增长地区差距的影响》，《中国软科学》2005 年第 12 期。

范剑勇、朱国林：《中国地区差距演变及其结构分析》，《管理世界》2002 年第 7 期。

方文：《农村集体土地流转及规模经营的绩效评价》，《财贸经济》2011 年第 1 期。

付文林：《人口流动的结构性障碍：基于公共支出竞争的经验分析》，《世界经济》2007 年第 12 期。

傅道忠：《城乡差距及其二元财政成因探析》，《财贸研究》2004 年第 2 期。

高书生：《中国就业体制改革 20 年》，中州古籍出版社，1998。

高双：《我国农村剩余劳动力数量估计及转移空间分析》，《经济论坛》2010 年第 5 期。

龚六堂、谢丹阳：《我国省份之间的要素流动和边际生产率的差异分析》，《经济研究》2004 年第 1 期。

谷彬：《农村土地流转综合评估与大数据分析》，科学出版社，2016。

顾海兵、徐刚：《我国财政预警系统初探》，《宏观经济研究》1993 年第 3 期。

郭琳、樊丽明：《地方政府债务风险分析》，《财政研究》2001 年第 5 期。

郭文杰、李泽红：《劳动力流动、服务业增长与经济结构转换：基于中国省际面板数据的实证研究》，《数量经济技术经济研究》2009 年第 2 期。

郭熙保：《农业发展论》，武汉大学出版社，1995。

国家计委经济研究所课题组：《二元结构矛盾与 90 年代的经济发展》，《经济研究》1993 年第 7 期。

韩正清、王燕、王千六：《城乡金融二元结构理论关系与实证分析》，《财经问题研究》2010 年第 2 期。

何景熙：《不充分就业及其社会影响：成都平原及周边地区农

村劳动力利用研究》,《中国社会科学》1999 年第 2 期。

洪源、李礼:《我国地方政府债务可持续性的一个综合分析框架》,《财经科学》2006 年第 4 期。

洪源、罗宏斌:《财政赤字的通货膨胀风险——理论诠释与中国的实证分析》,《财经研究》2007 年第 4 期。

侯风云:《中国农村劳动力剩余规模估计及外流规模影响因素的实证分析》,《中国农村经济》2004 年第 3 期。

胡鞍钢、胡琳琳、常志霄:《中国经济增长与减少贫困》,《清华大学学报》(哲学社会科学版)2006 年第 5 期。

胡锋、贺晋兵:《我国财政风险形成原因的实证研究》,《保险研究》2010 年第 5 期。

胡日东、苏梽芳:《中国城镇化发展与居民消费增长关系的动态分析:基于 VAR 模型的实证研究》,《中国经济报告》2007 年第 4 期。

胡晓敏:《地方政府财政或有负债评估及预警系统构建:基于浙江省地方政府的实证研究》,硕士学位论文,浙江大学,2006。

黄柯淇、苏春江:《农村劳动力转移对粮食产量影响的实证研究:基于 1978～2007 年数据》,《陕西师范大学学报》(哲学社会科学版)2009 年第 S1 期。

黄贤金:《江苏省耕地资源价值核算研究》,江苏省哲学社会科学"95"规划项目研究报告,1999。

贾康、刘微、张立承、石英华、孙洁:《我国地方政府债务风险和对策》,《经济研究参考》2010 年第 14 期。

贾康、赵全厚:《我国国债规模与相关政策》,《经济工作者学习资料》2000 年第 75 期。

姜开圣、韩世来、沙志芳：《农业产业化龙头企业的发展壮大及其对农民收入的影响：以江苏省扬州市为例》，《农业经济问题》2003 年第 3 期。

孔祥斌、张凤荣、齐伟：《集约化农区土地利用变化对水资源的影响：以河北省曲周县为例》，《自然资源学报》2004 年第 6 期。

雷佑新、曹愉：《关于劳动力转移与地区经济差异的分析》，《经济问题》2006 年第 9 期。

李昌达、曹萍：《通货膨胀、赤字、财政政策》，《四川财政》1996 年第 10 期。

李国忠：《政府财政支持企业发展的国际比较研究》，中国财政经济出版社，2006 年第 5 期。

李红波、刘亚丽、刘晓霞：《云南省土地流转问题及对策建议》，《昆明理工大学学报》（社会科学版）2011 年第 8 期。

李旻、赵连阁：《农业劳动力"老龄化"现象及其对农业生产的影响》，《农业经济问题》2009 年第 10 期。

李实：《中国农村劳动力流动与收入增长和分配》，《中国社会科学》1999 年第 2 期。

李彤、赵慧峰、刘宇鹏：《粮食主产省粮食综合生产能力影响因素研究：基于河北省 168 个行政村的调查》，《江苏农业科学》2010 年第 4 期。

李文：《城市化滞后的经济后果分析》，《中国社会科学》2001 年第 4 期。

李心源：《中国实施积极财政政策的财政风险分析》，《财政研究》2010 年第 5 期。

李勋来、李国平：《西部农村人力资源开发中的失范现象及其矫正》，《开发研究》2005 年第 1 期。

厉以宁：《中国对外经济与国际收支》，国际文化出版公司，1991。

林毅夫、蔡昉、李周：《中国的奇迹：发展战略与经济改革》，上海人民出版社、上海三联出版社，1999。

林毅夫、刘培林：《中国的经济发展战略与地区收入差距》，《经济研究》2003 年第 3 期。

刘昌平、邓大松、殷宝明：《"乡—城"人口迁移对中国城乡人口老龄化及养老保障的影响分析》，《经济评论》2008 年第 6 期。

刘建国：《城乡居民消费倾向的比较与城市化战略》，《上海经济研究》2002 年第 10 期。

刘溶沧、李茂生：《转轨中的中国财经问题》，中国社会科学出版社，2002。

刘尚希：《财政风险：防范的路径与方法》，《财贸经济》2004 年第 12 期。

刘尚希：《财政风险：一个分析框架》，《经济研究》2003 年第 5 期。

刘尚希：《城镇化对财政体制的挑战即对策思考》，《地方财政研究》2012 年第 4 期。

刘尚希：《我国城镇化对财政体制的"五大挑战"及对策思路》，《地方财政研究》2012 年第 4 期。

刘尚希、隆武华：《论财政风险》，《财经问题研究》1997 年第

12 期。

刘尚希、赵全厚：《政府债务：风险状况的初步分析》，《管理世界》2002 年第 5 期。

刘尚希：《中国财政风险的制度特征："风险大锅饭"》，《管理世界》2004 年第 5 期。

刘伟、胡兵、李传昭：《财政赤字、实际有效汇率与贸易收支：基于中国数据的实证检验》，《管理世界》2007 年第 4 期。

刘秀梅、田维明：《我国农村劳动力转移对经济增长的贡献分析》，《管理世界》2005 年第 1 期。

刘学军、赵耀辉：《劳动力流动对城市劳动力市场的影响》，《经济学季刊》2009 年第 1 期。

刘谊、刘星、马千真等：《地方财政风险监控体系的建立及实证分析》，《中央财经大学学报》2004 年第 7 期。

刘迎秋：《论中国现阶段的赤字率和债务率及其警戒线》，《经济研究》2001 年第 8 期。

刘源：《二元经济体制中的劳动力转移问题：基于中国经济增长的理论与实证分析》，《南京财经大学学报》2009 年第 3 期。

陆铭、陈钊：《城市化、城市倾向的经济政策与城乡收入差距》，《经济研究》2004 年第 6 期。

马恩涛：《我国财政风险预警系统研究》，《经济与管理评论》2007 年第 4 期。

马海涛、吕强：《我国地方政府债务风险问题研究》，《财贸经济》2004 年第 2 期。

马骏、刘亚平：《中国地方政府财政风险研究："逆向软预算约束"理论的视角》,《学术研究》2005 年第 11 期。

马少晔、应瑞瑶:《贸易开放与工资差距的关系——基于劳动力市场变迁视角的实证研究》,《当代财经》2011 年第 4 期。

马栓友:《中国公共部门债务和赤字的可持续性分析:兼评积极财政政策的不可持续性及其冲击》,《经济研究》2001 年第 8 期。

马忠东、张为民、梁在:《劳动力流动:中国农村收入增长的新因素》,《人口研究》2004 年第 3 期。

梅鸿、马骏:《财政风险管理:新理念与国际经验》,中国财政经济出版社,2003。

倪红日:《关于财政赤字政策和国债问题的国际考察及几点认识》,《国际税收》1999 年第 11 期。

彭大雷、黄利民、刘成武、余鹏:《农业劳动力规模和结构变化及其对粮食生产的影响:基于随州市银山坡村农户调查》,《安徽农业科学》2010 年第 33 期。

蒲艳萍、黄晓春:《农村劳动力流动对农业生产的影响:基于对西部 289 个自然村的调查问卷分析》,《南京师范大学报》(社会科学版)2011 年第 3 期。

钱文荣:《浙北传统粮区农户土地流转意愿与行为的实证研究》,《中国农村经济》2002 年第 7 期。

钱忠好:《农地承包经营权市场流转:理论与实证分析:基于农户层面的经济分析》,《经济研究》2003 年第 2 期。

秦海林、席文:《二元财政的制度变迁:基于路径依赖的视角》,《经济理论与经济管理》2013 年第 7 期。

任平:《空间的正义:当代中国可持续城市化的基本走向》,

《城市发展研究》2006 年第 5 期。

阮征：《改革开放以来上海的要素流动和边际生产率分析》，《上海经济研究》2005 年第 4 期。

沈坤荣、唐文健：《大规模劳动力转移条件下的经济收敛性分析》，《中国社会科学》2006 年第 5 期。

沈坤荣、余吉祥：《农村劳动力流动对中国城镇居民收入的影响：基于市场化进程中城乡劳动力分工视角的研究》，《管理世界》2011 年第 3 期。

宋斌文：《农村劳动力转移对农村老龄化的影响及其对策建议》，《公共管理学报》2004 年第 2 期。

孙自铎：《跨省劳动力流动扩大了地区差距——与缩小论者商榷》，《调研世界》2004 年第 12 期。

谭砚文、温思美、郑晶：《城市化进程中的农业剩余劳动力转移问题与对策：广东省佛山市的案例研究》，《南方经济》2005 年第 12 期。

唐龙生：《财政风险层次论》，《财经问题研究》2001 年第 2 期。

唐龙生：《提高财政支出效益：化解国家债务风险》，《中央财经大学学报》2000 年第 7 期。

童星、李显波：《农民失地社会风险：以江苏省为例》，《公共管理高层论坛》2006 年第 2 期。

万朝林：《失地农民权益流失与保障》，《理论与改革》2004 年第 1 期。

王德、朱玮、叶晖：《1985～2000 年我国人口迁移对区域经济差异的均衡作用研究》，《人口与经济》2003 年第 6 期。

王俭贵：《劳动与资本双重过剩下的经济发展》，上海三联书店、上海人民出版社，2002。

王健：《通胀是长期的：反通胀要触及深层次矛盾》，《中国经济信息》2008 年第 9 期。

王宁：《中国财政赤字率和政府债务规模警戒线初探》，《财政研究》2005 年第 5 期。

王胜、田涛：《中国货币政策对资产价格波动反应的模拟分析》，《技术经济》2013 年第 3 期。

王小龙、兰永生：《农村劳动力转移对农户教育支出的冲击及财政政策含义》，《财贸经济》2010 年第 12 期。

王秀芝、尹继东：《中国收入差距与劳动力流动关系研究综述》，《当代财经》2007 年第 4 期。

吴俊培：《公共经济学》，武汉大学出版社，2009。

吴俊培、张斌：《中国市场经济体制建构中的财政风险》，《财贸经济》2012 年第 1 期。

吴仁洪、邹正青：《农村剩余劳动力转移与通货膨胀》，《经济研究》1989 年第 10 期。

吴秀敏、林坚、刘万利：《城乡一体化进程中农户行为的经济分析：基于成都市天回镇、洛带镇和邓双镇 270 户农户转移意愿的调查》，中国农业经济学会 2004 年学术年会，2004。

武彦民：《财政风险：评估与化解》，中国财政经济出版社，2004。

武彦民：《我国财政风险的现实性和可控性》，《经济理论与经济管理》2003 年第 4 期。

肖万春：《论我国城镇化成本风险的类型与预警体系建设》，《湖南文理学院学报》（社会科学版）2006 年第 3 期。

肖万春：《论中国城镇化水平度量标准的合理化》，《社会科学辑刊》2006 年第 1 期。

谢晶晶、罗乐勤：《城市化对投资和消费需求的拉动效应分析》，《经济研究》2004 年第 3 期。

徐祖东：《简论集约经营》，《中州大学学报》1997 年第 4 期。

许涤龙、何达之：《财政风险指数预警系统的构建与分析》，《财政研究》2007 年第 11 期。

许雄奇、张宗益、康季军：《财政赤字与贸易收支不平衡：来自中国经济的经验证据（1978 ~ 2003）》，《世界经济》2006 年第 2 期。

阎坤：《积极财政政策的通货膨胀风险分析》，《税务研究》2002 年第 6 期。

杨小军：《关注财政风险》，《资本市场杂志》1999 年第 7 期。

杨学成：《关于农村土地承包 30 年不变政策实施过程的评估》，《中国农村经济》2001 年第 1 期。

杨治：《产业经济学导论》，中国人民大学出版社，1985。

姚从容、余沪荣：《论人口乡城迁移对我国农村养老保障体系的影响》，《市场与人口分析》2005 年第 2 期。

姚林如、杨海军、罗明：《我国资本与劳动力匹配状况的实证分析：1978 ~ 2005》，《财经论丛》2008 年第 5 期。

姚洋：《土地、制度和农业发展》，北京大学出版社，2004。

姚洋:《中国农地制度:一个分析框架》,《中国社会科学》2002 年第 2 期。

叶裕民、黄壬侠:《中国新型工业化与城市化互动机制研究》,《西南民族大学学报》(人文社科版)2004 年第 6 期。

余永定:《财政稳定问题研究:一个理论框架》,《世界经济》2000 年第 6 期。

曾纪发:《财政风险防治机制初探》,《江西社会科学》2002 年第 4 期。

曾令华:《我国现阶段扩大内需的根本途径:城镇化》,《经济学动态》2001 年第 3 期。

张车伟、蔡昉:《就业弹性的变化趋势研究》,《中国工业经济》2002 年第 5 期。

张春霖:《如何评估我国政府债务的可持续性?》,《经济研究》2000 年第 2 期。

张杰、周晓艳、李勇:《要素市场扭曲抑制了中国企业 R&D?》,《经济研究》2011 年第 8 期。

张雷宝:《公债经济学:理论·政策·实践》,浙江大学出版社,2007。

张明喜、丛树海:《我国财政风险非线性预警系统:基于 BP 神经网络的研究》,《经济管理》2009 年第 5 期。

张平:《中国农村居民区域间收入不平等与非农就业》,《经济研究》1998 年第 8 期。

张庆:《我国农村劳动力转移对地区经济差距影响研究》,黑龙江大学出版社,2010。

张燕、王刚义：《浅析我国财政的债务风险》，《南方经济》2001年第1期。

张应禄、陈志刚：《城乡二元经济结构：测定、变动趋势及政策选择》，《农业经济问题》2011年第11期。

张永恩、褚庆全、王宏广：《城镇化进程中的中国粮食安全形势和对策》，《农业现代化研究》2009年第5期。

张照新：《中国农村土地流转市场发展及其方式》，《中国农村经济》2002年第2期。

张志超：《财政风险》，中国财政经济出版社，2004。

郑华伟、刘友兆、王希睿：《中国城镇化与土地集约利用关系的动态计量分析》，《长江流域资源与环境》2011年第9期。

中国农村土地制度研究课题组：《农地使用权流转的公平与效率问题》，《农业经济问题》2006年第9期。

钟国辉、郭忠兴、汪险生：《城市土地边际生产率的空间计量分析》，《南京农业大学学报》（社会科学版）2014年第1期。

周林彬：《物权法新论》，北京大学出版社，2002。

朱新方：《土地流转的利弊及风险防范》，《农村经济》2009年第6期。

祝志勇、吴垠：《内生型制度因子的财政风险分析框架：模型及实证分析》，《财经研究》2005年第2期。

《资本论》（第三卷下），人民出版社，1975。

后　记

　　本书是在本人的博士学位论文基础上修改而成的，但仍有很多不足以及需要后续研究的地方。在武汉大学攻读博士期间，深深地佩服各位专业老师的学识，特别是深深地佩服武汉大学经济与管理学院"尊重学者、崇尚学术、培育精英、追求卓越"的办学理念，在此表示真挚的敬意。

　　其次，感谢我的导师以及我的几位博士老师，著名财政学家吴俊培、卢洪友、王德祥三位教授。他们严谨的治学态度，是我今后在工作和学习中的榜样。三位大家深厚的理论知识，孜孜不倦、崇尚真理的学术作风，更是我今后在工作和学习中的楷模。三位财政学大家，一生奉献于财税理论与政策研究以及传道授业解惑。观一生之三命，懂师之传道授业解惑。在此，唯以借用唐代著名诗人白居易的《奉和令公绿野堂种花》表达我对几位教授的赞美和感谢之情：绿野堂开占物华，路人指道令公家。令公桃李满天下，何用堂前更种花。

　　回顾从博士研究生入学到毕业的历程，可敬的龚锋师长，郑法川和贾莎同学，卢胜峰、祁毓、龚旻、张帆、程鹏师弟以及同届的朋友给予我无言的帮助，在此一并表示感谢。

同时，感谢我的父母，焉得谖草，言树之背，养育之恩，无以回报。你们的健康快乐是我最大的祝福和心愿。尤其要感谢我的妻子刘明玥以及聪明活泼的两个宝宝甘培和甘莯。妻子承担了全部的家庭责任，甘培和甘莯的成长也未让我操心。你们的理解和支持，为我提供了一个能够全身心投入管理、教学和科研工作中的保障。

2017 年 10 月于云南财经大学国际工商学院

图书在版编目(CIP)数据

财政风险研究：基于二元经济一元化的转化 / 甘家武著. --北京：社会科学文献出版社，2017.12
（云南财经大学前沿研究丛书）
ISBN 978-7-5201-2070-8

Ⅰ.①财… Ⅱ.①甘… Ⅲ.①中国经济-二元经济-研究 Ⅳ.①F121

中国版本图书馆 CIP 数据核字(2017)第 318060 号

·云南财经大学前沿研究丛书·
财政风险研究：基于二元经济一元化的转化

著　者 / 甘家武

出 版 人 / 谢寿光
项目统筹 / 恽　薇　陈凤玲
责任编辑 / 关少华

出　版 / 社会科学文献出版社·经济与管理分社(010) 59367226
地址：北京市北三环中路甲 29 号院华龙大厦　邮编：100029
网址：www.ssap.com.cn
发　行 / 市场营销中心（010）59367081　59367018
印　装 / 北京季蜂印刷有限公司

规　格 / 开　本：787mm × 1092mm　1/16
印　张：12.5　字　数：148 千字
版　次 / 2017 年 12 月第 1 版　2017 年 12 月第 1 次印刷
书　号 / ISBN 978-7-5201-2070-8
定　价 / 78.00 元

本书如有印装质量问题，请与读者服务中心（010-59367028）联系